Irmgard Nauck · Anne Gidion

Der Stille Raum geben

Irmgard Nauck · Anne Gidion

Der Stille Raum geben

Ein Weg der Kirche im 21. Jahrhundert

KREUZ

MIX
Papier aus verantwortungsvollen Quellen
FSC® C106847

www.kreuz-verlag.de

Umschlaggestaltung: agentur IDee
Umschlagfoto: © Volkmar Höckendorff
Autorenfoto Gidion: © privat
Autorenfoto Nauck: © Frederika Hoffmann

Satz: de·te·pe, Aalen
Herstellung: fgb · freiburger graphische betriebe
www.fgb.de

Printed in Germany

ISBN 978-3-451-61124-7

Inhalt

Vorwort

Über Stille reden, über Stille schreiben

Die *Kirche der Stille* in der Gemeinde Altona-Ost und zwei Autorinnen. Die eine – Irmgard Nauck – hat das Projekt *Kirche der Stille* (gemeinsam mit anderen) erträumt, entwickelt, durchgefochten. Schließlich hat sie den Ort – die alte Christophoruskirche in der Helenenstraße in Hamburg – anvertraut bekommen, um ihn weiterzuverschenken. Sie lebt und gestaltet diese *Kirche der Stille*.

Aber wie kann man über Stille sprechen, sogar noch – schreiben? Stille wächst schließlich aus dem Schweigen. Stille selbst ist ein »Raum« jenseits von Worten, von Gedanken, von Überlegungen. Wie von dem erzählen, was Menschen in diesem Raum erleben? Das »Ich« in den beschreibenden Kapiteln vertritt ihre Perspektive in Bezug auf das, was in der *Kirche der Stille* geschieht.

Die andere – Anne Gidion – ist Pastorin im *gottesdienst institut nordkirche*, einer Art ambulanten Pfarramtes. Sie kennt Stille aus Erfahrungen im Ansverus-Haus bei Hamburg und verschiedenen Klöstern. In ihrer Arbeit konzentriert sie sich eher auf den Umgang mit Wort und Sprache, mit Tönen, Bewegung und Klang. Leichte Sprache im Gottesdienst ist ihr wichtig. Auf das Projekt *Kirche der Stille* schaut sie stärker von außen. Sie stellt manche Frage und hat viele der Formen nicht vor Ort erlebt – wie die meisten der Leserinnen und Leser. Aber sie sucht das Gespräch mit den Freunden der Stille. Sie hat mit vielen Menschen gesprochen, denen die *Kirche der Stille* Heimat und Bezugsort geworden ist. Aus diesen Gesprächen sind die Porträts entstanden, die am Ende eines jeden Kapitels stehen.

Dreieinhalb Jahre sind seit der Eröffnung der *Kirche der Stille* vergangen, dreieinhalb Jahre Arbeit und Erfahrung – das ist nicht viel. Eigentlich ist es zu früh, um Bilanz zu ziehen. Das will dieses Buch auch nicht, es ist eher ein Innehalten, ein kurzes Besinnen auf dem Weg. Warum schreiben wir es?

In den Kirchen in Deutschland wird derzeit vieles umgebaut und umstrukturiert. Landeskirchen, Kirchenkreise und Gemeinden fusionieren. Plötzlich steht man vor einer Kirche mit den großen Fragen: Verkaufen oder vermieten? Den geistlichen Charakter erhalten oder aufgeben? Am Gebäude festhalten um jeden Preis oder es ganz abstoßen und dem Strom des Geldes überlassen? In dieser Situation, die alle angeht, mag es interessant sein, einen Weg nachzuvollziehen, wie er in der Stadtgemeinde Altona-Ost bereits gegangen wurde. Vielleicht kann unser Beispiel Schule machen? Vor diesem Hintergrund kam der Impuls vom Kreuz Verlag, ein solches Buch vorzubereiten.

In neun Kapiteln vollziehen wir nun die Entstehung der *Kirche der Stille* nach. Wir beschreiben das Programm und versuchen, die Leitbegriffe »Stille – Weite – Rhythmus« anschaulich werden zu lassen. Dabei kommen zahlreiche Menschen zu Wort, die ihre Eindrücke und Erlebnisse schildern. Es geht uns darum, die *Kirche der Stille* als Ort, aber auch als ein zukunftsoffenes Projekt zu schildern.

Der Titel des Buches »Der Stille Raum geben« ist dabei mehrdeutig gemeint – zuerst war der Raum Christophoruskirche, dann die Idee und die Umgestaltung des realen Raumes in einen Raum der Stille.

Im zehnten Kapitel veröffentlichen wir Autorinnen Auszüge eines E-Mail-Austauschs, der das Schreiben des Buches begleitet hat. Anstelle von biografischen Angaben hilft er, besser zu verstehen, aus welchen Perspektiven wir schreiben. Er gibt einen Eindruck davon, wo wir theologisch, gedanklich herkommen und was uns beim Schreiben des Buchs bewegt hat. Auch dieser Eindruck darf unabgeschlossen bleiben, er zeigt Nähen und Unterschiede, macht auch deutlich, dass die *Kirche der Stille* aus verschiedenen theologischen Perspektiven wahrgenommen und genutzt werden kann.

Nun wünschen wir dem Buch Leserinnen und Leser, kritische, freudige, lustvolle. Das Projekt *Kirche der Stille* ist hiermit zur Nachahmung freigegeben, in welcher Form auch immer. Jeder Raum kennt seine Stille. Wenn sie jemand hören möchte.

Hamburg, im Juli 2012

Irmgard Nauck
Anne Gidion

Porträt – der Nachbar

Er wohnt im ehemaligen Pastorat neben der Kirche. Sein Architekturbüro ist das ehemalige Gemeindehaus. Wie einst beim Pastor finden Leben und Arbeit in unmittelbarer räumlicher Nähe zueinander statt. Er weiß, dass er als Käufer der Häuser für die Gemeinde ein Glücksfall ist. Er kennt die Gemeinde und ihr vielfältiges Programm gut; er unterstützt sie, wo er kann.

Der Architekt liebt Kirchen als große Räume. Sein Verhältnis zur Institution Kirche nennt er selber »gebrochen«. Als nachdenklicher Jugendlicher wollte er es genau wissen mit Gott, wollte verstehen, wo das Leid herkommt, warum Gott das zulässt, wenn er doch allmächtig ist und es ändern könnte. Der Pastor, dem er diese Fragen stellte, drei Tage lang, fast ununterbrochen, war ihnen offenkundig nicht gewachsen: »Wenn du Gott verfluchst, verflucht er dich!« – mit solchen Sätzen ließ er den Jungen allein und schickte ihn damit in die Distanz zu Gott und Kirche.

Der Mann, der einmal der fragende Junge war, nennt den Pastor von damals heute auch »gebrochen«. Zugleich scherzt er: »Was ist ein Atheist? Einer, der immer an Gott denkt …«

Die Suche nach dem Eigentlichen, nach dem Sinn, lässt ihn trotzdem sein Leben lang nicht los. Was er für sich daraus gemacht hat, bezeichnet er als »selektiven Glauben«. Früher wohnte er in einem Wohnprojekt im Stadtteil St. Georg. Die offene Stadtteilarbeit der Kirchengemeinde dort zog ihn an. Er unterstützte die befreundete Moscheegemeinde beim Bau und war dort gern gesehener Gast. Die Osternächte und Heiligabendgottesdienste in der St. Georger Dreieinigkeitskirche waren für ihn Höhepunkte des Jahres – obwohl er sonst kaum in Gottesdienste geht.

Das apostolische Glaubensbekenntnis kann er nicht mehr sprechen. »Am dritten Tage auferstanden von den Toten«, »geboren von der Jungfrau Maria« – diese Formulierungen »schleudern ihn als Aufgeklärten weg«, wie er sagt.

Die Sehnsucht nach Sinn bleibt. Er liebt das Vaterunser, er singt manche Lieder gern. Aber den Gebetsruf der Muslime mag er auch. Er findet es ein Zeichen der aufgeklärten menschlichen Freiheit, sich Teile aus den Religionen aussuchen zu können.

Die *Kirche der Stille* schätzt er schon deshalb, weil sie von außen so schön aussieht. Die Bäume, die Straße, die relative Ruhe mitten in der Großstadt – wie der Prototyp von Kirche sieht sie aus, eine markierte Mitte.

Jeden Dienstagvormittag geht er zur *Meditation der vier Himmelsrichtungen* (vgl. Seite 67 f.). Manchmal leitet er sie auch selber an. Er kennt diese Meditation schon seit Jahrzehnten, beim Yoga hat er sie kennengelernt. Diese Drehung um sich selber, die man dabei macht, die findet er unschlagbar gut. Er wird ruhig darin und sieht das auch bei anderen. Die Welt dreht sich weiter, man selber verliert die Unruhe und findet seine Mitte, »das Eigentliche«, wie er es nennt.

Ihm ist wichtig, genau dies innerhalb der Arbeitszeit zu tun. Dienstagvormittag, nicht Sonntagmorgen. Als Chef eines Architekturbüros, in dem noch acht weitere Leute arbeiten, ist das gar nicht so leicht.

»Aber dafür brauchen Menschen doch Religion«, sagt er und guckt mich aus hellblauen Augen direkt an, »sie brauchen das, um nicht von der Arbeit aufgesogen zu werden. Wenn der Chef das macht, können die Mitarbeiter das lernen.«

Ob die auch mal mitkommen, will ich wissen. Bislang

noch nicht. Sobald sie es wollten, würde er es unterstützen. Er achtet darauf, dass seine Mitarbeiterinnen und Mitarbeiter gesund bleiben, Privatleben haben können, Familie und Interessen außerhalb der Arbeit. Es ist gut für sie selber und es ist gut für die Arbeit, sagt er. Menschen müssen das Gefühl haben, an der richtigen Stelle zu sein. Dazu gehört ein gesundes Verhältnis zu ihrem Körper und ihrem Geist. Neulich war er mit seinem ganzen Büro in der Matthäuspassion. Außer der Punkerin habe das allen gefallen. Es sei halt nicht ihre Musik, sagt er und lacht. Aber einmal im Leben müsse man die Matthäuspassion schon mal gehört haben …

Die Meditation der vier Himmelsrichtungen ist für ihn auch wie eine Wochenbilanz. Wie bin ich drauf, was habe ich erreicht, wie fühle ich mich an im Vergleich zur Woche davor. Es ist zugleich körperlich anstrengend. »Wenn Sie älter werden, müssen Sie Sport machen«, sagt er und zupft an seinem legeren, etwas knittrigen Anzug. »Der Kopf braucht das und der Körper auch.«

Die anderen Profilkirchen kennt und schätzt er durchaus. Die St. Johanniskirche hat er mit umgebaut und zur Kulturkirche umgewandelt. Er liebt den Raum. Seine »Elbphilharmonie im Stadtteil« nennt er sie und nimmt die kulturellen Angebote wahr, so oft es geht. Als die Kulturkirche entwickelt werden sollte, reiste er mit anderen nach Amsterdam und guckte die dortigen Kulturkirchen an. »Kirche muss machen, was Menschen brauchen«, sagte ihm dort eine Frau. So einfach und so klar. Das hat ihn überzeugt.

In den Gottesdienst geht er nicht, höchstens zu offiziellen Anlässen, Einführungen, Verabschiedungen. Er schätzt die Pastoren durchaus als intellektuelle Gesprächspartner, aber wenn er sie hören und mit ihnen reden will, dann lieber in Vortrag und Gespräch. Er hat an ihnen ein dialogisches Interesse, sagt er, und das kann im klassischen Gottesdienst keinen Raum haben. Die Gattung Predigt leistet nicht, was er interessant findet. Die Ansprüche von älteren Menschen einerseits und Konfirmanden andererseits, und das zu einem festgelegten Thema und in 10 bis 15 Minuten – was soll dabei schon herauskommen?

In den Meditationsangeboten der *Kirche der Stille* fühlt er sich angesprochen und willkommen, so wie er ist. Das geht ihm in diesem Raum auch so, wenn dort kein Programmangebot ist.

Manche wollen nicht hinein, weil man im Vorraum die Schuhe ausziehen muss. Er zuckt mit den Achseln. Reduzierte Menschen brauchen Strukturen, brauchen, dass alles so ist wie in der Kirche ihrer Kindheit. Wer die Schuhe auszieht, übertritt eine Schwelle und kommt auf die andere Seite, das kann auch Angst auslösen. Viele Menschen wollen den festen Boden behalten.

In der Meditation geht der Boden verloren. Oder besser: Man versteht, dass es keinen festen Boden gibt außer in einem selbst. Die eigene Verzweiflung aushalten, nennt er das. Die eigene Einsamkeit als Qualität aushalten, dorthin zu atmen, wo es wehtut. Daraus Stärke zu gewinnen. Dafür Hilfestellung zu geben – dafür seien Glaube und Kirche doch da.

Er lacht: er kenne keine bessere Gemeinde als Altona-Ost. Drei Wege gehen in einem. Und sich an allen drei Stellen angstlos weiterzuentwickeln – so soll es sein.

1. Kapitel
Die Menschen in der *Kirche der Stille*

»Stille im Gewirr der Großstadt,
Kraft sammeln, Liebe bündeln
und dann zurück ins Gewirr.«
Eintrag im Gästebuch
der *Kirche der Stille*

Begegnungen eines Nachmittags

Frühmorgens ruft Renate mich an. Sie ist eine der rund 30 Ehrenamtlichen, die dafür sorgen, dass die *Kirche der Stille* jeden Tag geöffnet werden kann. Doch sie ist krank und bittet mich, von 14 bis 16 Uhr den Kirchenhütedienst zu übernehmen. Glücklicherweise habe ich Zeit, und so schwinge ich mich nachmittags aufs Rad, um zur Kirche zu fahren.

Dort treffe ich im Vorraum auf Helga. Sie hütet seit 12 Uhr die Stille. Sie sitzt auf einer alten Kirchenbank. Auf dem Tisch vor ihr stehen eine Kanne Kräutertee und Teeschalen bereit. Manche Besucherinnen freuen sich über eine Tasse Tee und manchmal auch ein Gespräch. Helga hat wie immer ein Buch dabei. Wir plaudern noch ein paar Minuten: Sie ist 69 Jahre alt und Rentnerin. Ihr wöchentlicher Hütetermin hilft ihr, die Woche zu strukturieren. Sie freut sich, dass sie hier etwas Sinnvolles beitragen kann. Außerdem begegnet sie vielen netten Menschen entweder im Hüte-Team oder in Gesprächen mit den Besuchern.

Sie sagt: »Für mich ist das ein Platz des Reichtums in jeder Hinsicht. Ich durfte mein Bild von Kirche korrigieren. Mittlerweile bewundere ich die Kirche, dass sie den Mut hat, sich für andere Religionen zu öffnen. Und wenn ich aus meiner inneren Stille gefallen bin, komme ich hier wieder zu ihr.« – Wir verabschieden uns, jetzt sitze ich an ihrem Platz.

Die Kirche hat einen Garderobenraum, den wir durch eine Abtrennung unter der Empore gewonnen haben. Dort stehen zwei alte Kirchenbänke, Garderobenstangen und -schränke für die Jacken und Taschen der Besucherinnen und Besucher. Die Schuhe werden möglichst gegen Socken eingetauscht, die in einem großen Korb bereitstehen. Wer nicht von seinen Schuhen lassen will, kann Überzieher leihen – ähnlich wie in einem Museum.

Ich setze mich, atme durch und weiß: Zwei Stunden keine Mails, kein Telefon, einfach nur sitzen, vielleicht im mitgebrachten Buch lesen und die Stille hüten.

Ein Mann kommt aus dem Kirchenraum, er strahlt: »War das wieder schön, ich freue mich so über diese Kirche.« Er trägt Anzug und Krawatte, die Schuhe, die er sich gerade anzieht, sehen topchic aus, ich schätze ihn auf Anfang 40. Wir stellen uns einander vor. Er ist Geschäftsführer einer Firma in der Nähe. Vor einem Monat hat er die Kirche zufällig bei einem Spaziergang entdeckt. Seitdem verbringt er fast jeden Tag seine Mittagspause hier. Er wäre eigentlich kein Kirchgänger, aber nun sei er doch einer geworden, lacht er. Erst habe er nur die Stille genossen, die geschützte Ruhe. Das sei wie Burnout-Vorsorge. Aber jetzt merke er, dass da doch noch etwas hängen geblieben ist aus seinen evangelischen Zeiten. Ihn zieht mehr als nur die Stille.

Schon in Hut und Mantel, fragt er noch nach Möglichkeiten, Meditation einzuüben. Ich erkläre ihm kurz unsere Angebote im Zen, Herzensgebet und in der Kontemplation. Dann verabschiedet er sich eilig, der nächste Termin ruft.

Emma kommt öfter nach der Schule. Heute ist sie wieder da, streift Ranzen und Schuhe ab und schlüpft in die Kirche. Ich hab das Gefühl, dass sie jedes Mal länger bleibt und mit der Stille immer vertrauter wird. Wenn sie da war, brennen immer viele Kerzen in der Lichterschale. Manchmal schreibt sie auch etwas ins Gästebuch: *»Schöhne Kirche der Stille. Hier konnte ich mich entspannen und den Stres drausen vergesen.«* Oder: *»Ich wünsche Gott Friden und Gesundheit. Filen dank Gott das du so lieb zu den Menschen bist!«*

Ich frage Emma, ob sie einen Keks haben will. Sie nickt und kommt zu meiner Bank. Beim Knabbern plaudern wir, und plötzlich entfährt ihr: »Meine Eltern sollten mal hierher kommen. Die haben ein Restaurant und sind immer so gestresst. Sie haben keine Zeit für so was.« Ein bisschen nachdenklich zieht sie davon.

Jetzt bin ich alleine. Da ich gerade niemanden störe, schaue ich drinnen rasch nach den abgebrannten Kerzen und lese die letzten Einträge im Gästebuch: *»Dieser Ort kommt genau im richtigen Moment. Wenn das nicht Kirche ist, was dann? Ich habe diesen Ort vermisst, ohne zu wissen, dass es ihn geben kann. Danke!«* Ein anderer Eintrag: *»Hoffentlich bleibt das hier auch wirklich eine Kirche. Mantren-Gesänge, Sufi-Meditation? Wie gut, dass es eine Bibel und ein Kreuz gibt.«* Ich lese mich mal wieder fest. Wie unterschiedlich die Handschriften sind. Unwillkürlich stellt man sich Menschen vor, meint alt und jung, weiblich und männlich unterscheiden zu können. Und was diese Menschen an Erfahrungen, Wissen, Lebensgeschichte mit hineintragen in diese Kirche, das kann ich nur raten: *»Danke für das Licht dieses Ortes, das weit in die Tiefe strahlt.« »Ein guter Ort, um etwas vor der Tür zu lassen.« »Ich schreibe nicht ›lieber Gott‹. Ich weiß gar nicht, ob ich an dich glaube. Ich bin jetzt hier in der Kirche ganz alleine. Aber eigentlich bin* *ich das gar nicht. Danke!«* Wie viele Gefühle werden hier hineingetragen, denke ich. Manche bleiben hier, manche werden wieder mitgenommen: *»Mach es gut, Peter. Du bist am Ziel, bist bei Ihm. Hast deine Aufgabe erledigt. Sehen uns hinten rechts am Ausgang wieder. Mach's gut!«*

Die *Kirche der Stille* liegt in unmittelbarer Nachbarschaft zum Hospiz Hamburg e.V. Einige der Gäste schaffen es zu kommen. Angehörige, aber auch Mitarbeitende im Hospiz suchen gern die Stille auf, zünden eine Kerze an, sitzen, weinen, schreiben etwas in unser Buch: *»Wolfgang, ich vermisse dich so sehr – der Schmerz ist so beißend … Möge deine Seele Ruhe und Frieden gefunden haben. Gottes Liebe umhülle dich.« »Danke für deine Hilfe in den zurückliegenden schweren Tagen, lieber Herr.«*

Als ich den Kirchraum wieder verlasse, kommt gerade ein ganzer Schwung Leute in die Garderobe. Manche kennen sich aus, verstauen ihre Habseligkeiten im Schrank und gehen zielstrebig in die Kirche.

Zwei Frauen, vermutlich Anfang 50, sind zum ersten Mal da. Sie haben schon viel von der Kirche gehört. Heute haben sie sich hier verabredet. Sie sind im Buddhistischen Stadtzentrum zu Hause, meditieren dort seit Jahren. Nun wollen sie mal sehen, was diese Kirche anbietet im weiten Feld der Meditation.

»Ganz ehrlich, das hätte ich der Kirche nicht zugetraut. Oder sind Sie ein Verein?«, fragt eine der Frauen. Ich erkläre, dass diese Kirche eine der drei Kirchen der evangelischen Gemeinde Altona-Ost ist. »Und die erlauben, dass Sie hier auch Veranstaltungen von anderen Religionen haben? Da bekommen Sie sicherlich viel Gegenwind!«, vermutet die andere und sieht mich herausfordernd an. Ich mag nicht diskutieren, jetzt noch nicht, und rate ihnen: »Schauen Sie doch erst mal in die Kirche, nachher können wir noch ein wenig reden.«

Als ich wieder allein bin, merke ich, wie sehr mich diese Vorurteile über »Kirche« nerven. Wie tief sie sitzen – gerade bei Menschen zwischen 40 und 60, die sich in ihrer Jugend gegen »Kirche« entschieden haben. Sie selber haben sich weiterentwickelt, aber ihre Bilder von der Kirche von damals, die sind sehr stabil. Und die werfen sie mir, uns vor die Füße. Mit »uns« meine ich Menschen in dem selben Alter, die aber dabei geblieben oder zurückgekommen sind und für eine Kirche kämpfen, die all das nicht ist: verstaubt, moralfixiert, konservativ und unbeweglich. Gut, denkt mein ungenervter, geduldigerer Teil, gut, dass sie überhaupt noch kommen. Dass sie die offenen Türen immerhin noch bemerken und sich einen Rest Neugier erhalten haben, wenigstens das.

Erst nach geraumer Zeit, mein Dienst ist schon fast zu Ende, kommen die beiden wieder zu mir. Ihr Ausdruck ist ein anderer: »Das ist ja eine Oase der Stille mitten in der Stadt! Was für ein wunderbarer Raum, so hell und weit, und doch fühlt man sich in ihm geborgen.« Und die andere knüpft an ihre Frage von vorhin an: »Und das tun Sie alles mit der Erlaubnis Ihrer Kirchenleitung? Bänke, Kanzel und Altar raus, stattdessen Matten und Kissen rein?!« Und zu ihrer Freundin gewandt: »Ich glaub', wir haben da etwas verpasst.« Sie nehmen sich jede ein Programm, wollen es zu Hause genau studieren. Der Abschied ist sehr freundlich: »Viel Mut weiter für diese Arbeit!«

Meine Ablösung kommt. Georg war Lehrer und ist jetzt pensioniert. Aber er arbeitet weiter, ehrenamtlich. Schülerinnen und Schüler kommen zu ihm, die mit der Schule nicht zurechtkommen. Seit der Eröffnung der *Kirche der Stille* ist er auch im Hüte-Team, ganz regelmäßig. Er packt seine Zeitschrift aus und freut sich auf zwei ruhige Lesestündchen.

Wer kommt? Versuch einer Typisierung

Zunächst: Wo ist die *Kirche der Stille*? Wie ist ihr Umfeld? Die Gemeinde Altona-Ost hat knapp 8000 Gemeindemitglieder, das sind 25 Prozent der rund 32 800 Einwohner unseres Gemeindegebiets. Es ist eine junge Bevölkerung, die Fluktuation ist dementsprechend hoch. Gut 25 Prozent sind unter 18 Jahren; fast 22 Prozent sind älter als 65 Jahre. Das bedeutet, 53 Prozent der Wohnbevölkerung sind zwischen 19 und 64 Jahre alt. Die Mehrheit unserer Gemeindeglieder ist zwischen 22 und 55 Jahren alt.

Durch die Verwandlung des sozialen Wohnungsbaus in Eigentumswohnungen werden Alteingesessene zunehmend verdrängt. Menschen mit hohem Bildungsgrad und gutem Einkommen kaufen die sanierten Altbauwohnungen, darunter viele Familien. Sie haben in den vergangenen Jahren das Milieu Altonas stark verändert. Vor gut zehn Jahren waren in unseren Konfirmationskursen überwiegend Mädchen und Jungen aus Haupt- und Gesamtschule. Heute besuchen fast alle das Gymnasium.

Die Menschen im Stadtteil, selbst die Kirchenmitglieder, haben wenig Nähe zur eigenen Gemeinde-Kirche und ihrer Tradition. Das macht die Anzahl unserer Amtshandlungen deutlich. Wir hatten 2011 26 Beerdigungen, 8 Trauungen und 40 Taufen (darunter Konfirmandentaufen).

Seit 1995 bin ich Pastorin in diesem Stadtteil. Mit der Eröffnung der *Kirche der Stille* im März 2009 habe ich innerhalb der Gemeinde meinen Schwerpunkt und das Kirchengebäude gewechselt. Nur eine kleine Anzahl von Menschen, die ich aus der früheren »traditionellen« Gemeindearbeit kenne, besucht sowohl die *Kirche der Stille* als auch die Veranstaltungen in den beiden anderen Gemeinde-Kirchen.

Alle, die kommen, suchen Stille. Sie möchten im Innersten berührt werden und persönliche spirituelle Erfahrungen machen. In der Stille suchen die meisten nach »Gott«, wobei nicht wenige den Begriff scheuen, weil er mit bedrückenden Bildern oder kindlichen Vorstellungen gekoppelt ist.

Dabei sind drei Gruppen zu unterscheiden: Da sind erstens die Meditationserfahrenen, die eine große Offenheit zu anderen Religionen mitbringen. Einige sind einen buddhistischen Schulungsweg gegangen oder haben Erfahrungen mit Kontemplation und dem Herzensgebet gemacht. Für diese ist das feste Angebot in einer kontinuierlichen Gruppe besonders wichtig.

Dann gibt es zweitens die Gruppe von christlich entwurzelten und neu suchenden Menschen, die nach einer christlichen Prägung in ihrer Kindheit – aus unterschiedlichen biografischen Gründen – in Distanz zu Kirche und Glauben gelebt haben und sich jetzt – nicht selten nach einer Phase der Suche in anderen Religionen – in aller Vorsicht in der *Kirche der Stille* wieder an Christentum und Kirche annähern.

Und eine dritte Gruppe besteht aus jüngeren Menschen zwischen 20 und 30 Jahren ohne religiöse Prägung, die mit der spirituellen Dimension von Leben in Kontakt kommen möchten.

Die Meditationserfahrenen haben sich schon vor Jahren auf die Suche nach Stille gemacht, indem sie in buddhistischen Zentren, in Klöstern und anderen Häusern der Stille außerhalb Hamburgs regelmäßig Kurse besucht haben. Einige gehören einer Sufi-Gruppe an. Sie alle meditieren seit Jahren jeden Tag und können sich ein Leben ohne stille Zeiten nicht mehr vorstellen. Warum aber kommen sie nun in unsere Kirche?

Manche sind schlicht froh, dass sie nicht mehr weit fahren müssen, um eine Zeit der Stille in Gemeinschaft zu erleben. Ihre Sehnsucht nach regelmäßiger Meditation im Alltag hat einen Platz gefunden, indem sie zum Beispiel montags an der Kontemplationsgruppe teilnehmen: gleiche Zeit, gleicher Ort und fast immer die gleichen Menschen. Ihre Meditation ist fest in den Rhythmus der Woche eingebettet.

Manche berufen sich auf den Dalai Lama, der nicht müde wird, immer wieder seinen deutschen Anhängerinnen und Anhängern zu sagen: Der christliche Glaube hat die westliche Kultur und das Menschenbild stark geprägt. Es ist besser, die vertrauten, in der jeweiligen Kultur seit vielen Jahrhunderten verwurzelten Glaubensformen vor Ort zu bewahren.

So kommen sie in die *Kirche der Stille*. Sie nehmen aufmerksam den weiten, hellen Raum wahr, die große, aufgeschlagene Bibel und das aus zusammengebundenem Treibholz entstandene Kreuz. Etwas lange Zurückliegendes, etwas Vertrautes wird wachgerufen, sie fühlen sich in der Kirche wohl. Hier einige Stimmen aus einer Fragebogenaktion (vgl. Seite 26 ff.): *»Es erleichtert mich geradezu, dass kein Gekreuzigter an der Wand hängt, sondern ein zartes Treibholzkreuz; kein massiver kahler Altar, sondern ein aus dem alten Altar transformiertes sich öffnendes Herz. Als wenn der christliche Geist dort auf feine Art im Raum schwingt …«*

»Mir gefällt an der Kirche der Stille die ›offene Offenheit‹: ein Raum für den Alltag, der so gestaltet ist, dass unterschiedlichste Rituale, spirituelle Traditionen, Arten, mit Gott in Kontakt zu treten, darin Platz haben. Mir gefällt auch, dass die Kirche der Stille weiter als christliche Kirche auftritt, die offen für andere Traditionen ist, aber sich nicht als ›interreligiöser Tempelkirchenmoschee-Raum‹ geriert.

Mir öffnet das (unter anderem) wieder oder erstmals das Herz für die christliche Kirche.«

»Ich bin seit meiner Kleinkindzeit vom Christentum beeinflusst und finde vieles Vertraute, Geborgenheit Gebende, Tröstende darin. Ich habe aber auch sehr vom Buddhismus profitiert, von seinen Methoden der Geistesschulung und Analyse, von der Idee, eine persönliche tägliche Praxis zu entwickeln. Ich befinde mich auf der Suche nach meiner persönlichen Spiritualität, die auch meinen Alltag trägt, und möchte von der Weisheit vieler Religionen profitieren. Entscheidend ist, dass am Ende mehr Weisheit und Mitgefühl entsteht. Ich finde, die Kirche der Stille ist ein wunderbarer Baustein auf dem Weg dahin.«

Und dann gibt es die Gruppe der christlich Entwurzelten und Suchenden: Sie sind meist über 40 Jahre alt. Ihre Kindheit war in weiten Teilen christlich geprägt. Sie erzählen – oft mit Wehmut – von ihrer Zeit als Messdiener und Chorknabe, als eifriges Kindergottesdienstkind und als Mitarbeiterin in der Jugendarbeit. Bei vielen von ihnen hat es einen Bruch gegeben: eine Enttäuschung in der Gemeinde, Konflikte mit dem Pastor, einen Übergriff eines Mitarbeiters, eine moralische Verurteilung, eine Ungerechtigkeit … die Liste der schmerzlichen Erfahrungen, die mir erzählt werden, ist lang. Von Ohnmachtsgefühlen sprechen manche, an einem Ort erlebt, der doch schützende Heimat sein sollte. Viele von ihnen haben über Jahre keine Kirche mehr betreten, waren spirituell heimatlos.

Andere aus dieser Gruppe haben mit dem Ende der Schulzeit das Elternhaus und auch ihre Gemeinde verlassen. Weder die Kirche noch der Glaube spielten in ihrem Alltag eine Rolle. Die Suche nach einem befriedigenden Arbeitsplatz und nach einem Partner ist abgeschlossen. Nun suchen sie nach dem, was mehr ist als das. Sie suchen schlicht nach Sinn, nach einer tieferen Dimension für ihr Leben. Auf ihrer Suche kommen sie auch in die *Kirche der Stille* – in aller Zurückhaltung. Sie probieren das offene Singen aus, schnuppern hinein in einen Meditationsabend oder hören einen spirituellen Vortrag. Nach einer längeren Phase in der Beobachterposition trauen sich einige von ihnen an die deutlicher kirchlich-christlichen Angebote heran: die *Atempause vor dem Abend*, einen Gottesdienst am Sonntagabend oder die *Heiligen Nächte*. Meist bleibt ihre Vorsicht, das ist deutlich zu spüren.

Unter die spirituell Suchenden zähle ich auch die Menschen, die in einer persönlichen Lebenskrise in die Kirche kommen. Sie haben ihren Arbeitsplatz verloren oder sind wegen Burnout krankgeschrieben, haben eine Trennung hinter sich oder eine Krankheitsdiagnose bekommen, die ihr Leben tiefgreifend verändert.

Mit Staunen nehme ich wahr, dass manche fast täglich kommen. Offenbar finden sie in der Stille etwas von dem, was sie suchen. Nach einiger Zeit trauen sich einige, um einen Gesprächstermin mit mir zu bitten. In diesen Gesprächen zeigt sich, dass die persönliche äußere Krise tiefe Fragen nach dem Glauben auslöst: Was trägt mich in der Tiefe, und wie bekomme ich (wieder) Anschluss an diese Kraft?

Ganz anderes erleben wir bei jüngeren Menschen. Die meisten kommen ganz ohne christliche oder religiöse Prägung. Sie treibt eine unbestimmte religiöse Sehnsucht, sie suchen hier und dort, bleiben oft gar nicht lange, sitzen einige Male in der Atempause oder in der Kontemplation. Viele sind nach kurzer Zeit wieder weg.

In Gesprächen mit diesen 20- bis 30-Jährigen begegnet mir immer wieder eine ähnliche enttäuschende Erfahrung. Sie haben allein oder in Gemeinschaft in der Kirche gesessen und einen spirituellen »Flash« gehabt, in dem sie sich im Innersten von Gott berührt erfahren haben. Sie kommen dann in der nächsten Woche so oft sie nur können wieder, um weitere solche Erfahrungen zu machen – und nichts passiert. Das verunsichert sie. Sie trauen sich nicht, darüber zu sprechen. So bleiben sie wieder weg, wohl mit einer einmaligen »Erfahrung«, aber eben mit ungestillter Sehnsucht. Manchmal kommen sie später wieder.

Fragebogenaktion

Wir wollten genauer wissen, welche Menschen aus welchen Motiven in die *Kirche der Stille* kommen. Eine Fragebogenaktion hat geholfen, das zu systematisieren. Einen Monat lang verteilten wir Fragebögen überwiegend an die Teilnehmenden unserer Kurse, aber auch an Besuchende der offenen Kirche.

Von 800 ausgegebenen Fragebögen kamen 130 zurück: 90 Frauen und 40 Männer haben geantwortet. Dieses Verhältnis entspricht unserem geschätzten Eindruck, dass etwa ein Drittel Männer und zwei Drittel Frauen die Kirche nutzen.

Die angebotenen Kurse werden von Frauen und Männern aller Altersgruppen besucht. Unser jüngster Besucher ist ein 20-jähriger Student, die Älteste eine 84-jährige Frau, die nebenan in einem Wohnprojekt für Frauen ab 60, die nur eine sehr kleine Rente beziehen, lebt. Die meisten sind 40 bis 60 Jahre alt, gehören also zu der Gruppe, die ihre Familien- und Berufsfindung abgeschlossen hat und noch mitten im Berufsleben steht. Das entspricht der Altersgruppe, die auch in der Gesamtgemeinde am größten ist.

Die Hälfte kommt aus dem näheren Umkreis, die andere Hälfte reist aus entfernteren Stadtteilen oder Hamburger Vororten an. Es gibt kaum Überschneidungen mit denjenigen, die in der traditionell strukturierten Gemeinde aktiv sind.

Gut 75 Prozent der Menschen verfügen über einen Hochschulabschluss, die anderen 25 Prozent arbeiten überwiegend im sozialpädagogischen und pflegerischen Bereich. Für zwei Drittel der Befragten ist Meditation bereits ein regelmäßiger Bestandteil in ihrem Alltag. Sie haben sich – seit unterschiedlich langer Zeit – für einen konkreten Weg der Stille entschieden. Diesen praktizieren sie sowohl allein zu Hause bzw. im Büro als auch regelmäßig in der Gruppe in der *Kirche der Stille*.

Von den Befragten sind 95 Prozent als Kind Angehörige einer christlichen Kirche gewesen. Die restlichen 5 Prozent sind vor allem junge Menschen unter 25 Jahren, die in keiner Religion aufgewachsen sind. Bei der Frage, ob sie sich heute zu einer Religion oder Konfession zugehörig fühlen, unterscheiden sich die Männer von den Frauen: 50 Prozent der Männer fühlen sich auch heute dem christlichen Glauben zugehörig, während es bei den Frauen nur 30 Prozent sind. Hinzu kommen bei den Frauen weitere 10 Prozent, die Buddhismus und Christentum in sich verbinden, bei den Männern geben diese Verbindung nur 5 Prozent an.

Keiner Religion zugehörig fühlen sich 30 Prozent der Männer und 45 Prozent der Frauen.

Einträge im Gästebuch der Kirche geben eine Idee, welche Haltung sich dahinter verbergen mag:

- *»Ein Wesen wie Jesus Christus kommt in Liebe zu den Menschen, nicht zu den Religionen. Ich gehöre niemandem.«*
- *»Hier finde ich genau das, was ich gesucht habe: weder eine esoterische Nische noch eine traditionelle Kirche, sondern einen Ort, der die Möglichkeit gibt, auf einer Erfahrungsebene sich zu begegnen, die das Rationale und das Personale aller Konfessionen übersteigt.«*

Die Restlichen beantworten die Frage nach der Zugehörigkeit mit Sufismus, Buddhismus und anderen mystischen

Wegen. Vor diesem Hintergrund ist es nur konsequent, wenn 95 Prozent der Befragten antworten, dass sie die Offenheit der Kirche gegenüber anderen Religionen schätzen.

Eine Art Fazit

Wer die *Kirche der Stille* als eine Art Wiedereintrittsstelle sieht, wird vermutlich enttäuscht. So ein Angebot führt nicht notwendig dazu, dass Menschen in die evangelische Kirche eintreten oder wieder eintreten. Auch wenn sie in der *Kirche der Stille* eine Form finden, die ihnen entspricht, leiten sie daraus häufig keinen Wunsch nach institutioneller Zugehörigkeit ab.

Die Menschen kommen zwar (wieder) zur Kirche, genauer gesagt: in diese Kirche, um eine bewusst ausgewählte Veranstaltung zu besuchen. Viele von ihnen fühlen sich der Musik, im Raum, mit biblischen Texten und Gebeten sogar beheimatet. Die wenigsten allerdings möchten sich auf eine feste Zugehörigkeit zur christlichen Religion oder zu einer Konfession festlegen.

Trotzdem wünschen sich viele der befragten Menschen, dass die *Kirche der Stille* zu einem Ort werden soll, in dem man auch miteinander spricht, sich austauscht und einander kennen lernt. Es gibt also eine Sehnsucht nach »Gemeinde« – allerdings ohne institutionelle Bindung:

- *»Ich wünsche mir eine Gruppe, in der ein kleiner (begrenzter) Gedankenaustausch stattfinden kann, damit Begegnung, Verbundenheit und Zugehörigkeit möglich wird.«*
- *»Schön wäre so etwas wie eine spirituelle Sprechstunde.«*
- *»Ich wünsche mir Raum für Austausch untereinander, so dass mehr das Gefühl von ›Gemeinde‹ entsteht.«*

Porträt – einst streng katholisch

Sie ist Mitte 50, und ihre Vergangenheit nennt sie »streng katholisch«. Religion, das war »Sünde und Bestrafung« – das hat ihr die Liebe zu Gott geraubt. Wenn sie als kleines Mädchen in der Kirche gezappelt habe, habe der Vater sie mit Kneifen gezüchtigt. Das tat weh – am Körper und im Herzen. Dabei hat sie die Lieder geliebt: »Großer Gott, wir loben Dich!« Sie wollte sich hingeben, sie genoss es, und mitten in diesen Rausch hinein wurde sie gezüchtigt. Sehnsucht und Hingabe – das hing seitdem ganz eng zusammen mit Schuld und Strafe. »Fleißkärtchen zeigten, dass Gott meine Leistung braucht«, sagt sie. Beim Beichten dachte sie sich Sünden aus, immer mehr.

Irgendwann ging das nicht mehr. Sie kehrte sich ganz von der Kirche ab. Qualvoll. Heimatverlust. Ein Schmerz tief im Herzen, der lange nicht wegging.

Gesucht hat sie dann im Buddhismus, bei den Sufis, später sogar in Klöstern.

Sie ist dabei sehr vorsichtig und schützt sich, »damit niemand in mein suchendes, offenes Herz hineinschlagen kann«.

Eines Tages hat sie die *Kirche der Stille* gefunden. Nach allem Schmerz und allem Suchen ist das ein Ort für sie geworden, an dem sie sein kann, wie sie ist. Langsam traut sie sich, das »Wir-Gefühl« zu nennen, es wächst eine Gemeinschaft und sie fühlt sich »verankert« und auch »ein bisschen geheilt«.

Was sie schätzt? Die Weite: Sie wird nicht festgelegt auf eine bestimmte Art Glauben. Im gemeinsamen Schweigen darf sie suchen und einfach da sein. Sie fühlt sich angeregt und spürt den Segen. Sie mag den Raum, seine Klarheit und seine Schönheit, und sie kann sich dort leicht zu Hause fühlen. Am Boden zu sitzen oder zu liegen – das ist etwas völlig anderes als einzwängende Kirchenbänke.

Die anderen Menschen, die sie in der *Kirche der Stille* trifft, mag sie. Sie strahlen Achtsamkeit aus. Sie sind glaubwürdig. Persönlich. Unaufdringlich.

Alles, was stattfindet, ist auf sehr sympathische Art unkompliziert in Organisation und Abwicklung. Es ist einfach, sich als Teil des Geschehens zu fühlen, und macht Lust, sich zu engagieren.

Sie ist froh und dankbar über diesen Ort direkt vor ihrer Haustür. Wenn sie entscheiden könnte, dann hätte jeder so eine Kirche ganz bei sich in der Nähe.

2. Kapitel
Am Anfang ein Traum

Neue Nutzung oder Verkauf?

Am 12. Mai 2004 erschien die Stadtteilzeitung das *Altonaer Wochenblatt* mit einem Titelbild, auf dem alle 14 evangelischen Kirchen Altonas abgebildet waren. Zehn von ihnen waren entweder mit einem roten Strich durchkreuzt oder mit einem roten Fragezeichen versehen. Diesen Kirchen – so das Wochenblatt – drohe das Ende: entweder müssten sie in absehbarer Zeit abgerissen oder verkauft werden. Eine dieser durchkreuzten Kirchen war die kleine Christophoruskirche, 1894 erbaut als Helenenstiftskapelle, für die Schwesternschaft des angrenzenden Helenenstiftes »zur geistlichen Erbauung«. Der dortige Kirchenvorstand quälte sich schon längere Zeit mit der Frage, die Kirche aufgeben zu müssen.

Etwa zur selben Zeit führten wir, die St. Johannisgemeinde, in der ich damals schon Pastorin war, die Friedenskirche auf St. Pauli und die Christophoruskirche Fusionsgespräche. Ursprünglich waren sogar noch zwei weitere Gemeinden dabei, die vom gemeinsamen Weg aber zurücktraten.

Teil dieser Gespräche war, dass wir drei Pastoren und zwei Pastorinnen uns regelmäßig mit einem Supervisor trafen. Einmal fragte er: »Was ist Ihr Herzensanliegen in der fusionierten Gemeinde? Was ist Ihre Vision einer befriedigenden pastoralen Arbeit?«

Mir fiel die Antwort auf diese Frage nicht schwer. Ich hatte tatsächlich einen Traum gehabt, der mir deutlich vor Augen stand: Ich sah die Christophoruskirche als einen leeren Raum mit weiß getünchten Wänden und in hellem Licht. Menschen saßen auf Matten im leeren Raum und meditierten. Manche tanzten, andere sangen.

Also sagte ich in dieser Runde: »Ich würde die Christophoruskirche von Herzen gern zu einer *Kirche der Stille* umbauen. Ich möchte sie ausschließlich für Meditation nutzen. Dort sehe ich meinen neuen Arbeitsplatz.«

Der Supervisor fragte zurück »Was brauchen Sie, um dieses Herzensanliegen zu verwirklichen?« »Die Zustimmung meiner Kollegen«, antwortete ich, »und den Schlüssel der Christophoruskirche.«

Zuerst gab es Gelächter, Unruhe, Witzeleien. Aber am Ende derselben Sitzung hatte unsere Runde meine Idee begrüßt. Ich sollte ein grobes Konzept erstellen, um dem Kirchenvorstand ein Bild unserer Idee zu geben.

2005, nachdem ich eine kleine Projektgruppe um mich gesammelt hatte, ging es los:

Nach einer gemeinsamen Kirchenbegehung machte ein befreundeter Architekt einen ersten Entwurf für den Umbau der Christophoruskirche in eine *Kirche der Stille*. Da bereits über den Verkauf von Pastorat und Gemeindehaus nachgedacht worden war, schlug die Gruppe vor, die Bausumme aus dem Verkaufserlös der Gebäude zu finanzieren.

Das inhaltliche Programm ließ sich schnell beschreiben: Die meditativen Angebote, die bereits an verschiedenen Orten der drei Gemeinden liefen, sollten in der Kirche zusammengeführt werden. Wir mussten gar nichts völlig Neues erfinden. Teile des Programms gab es schon, kompetente Lehrerinnen und Lehrer unterrichteten seit Jahren unter dem Dach unserer Gemeinden Meditation – mit großem Zuspruch.

Anfang 2006 wurde dieses erste Konzept in allen drei Kirchenvorständen (KV) vorgestellt und diskutiert. Durchaus kontrovers: Einige Kirchenvorstandsmitglieder waren begeistert und sagten ihre volle Unterstützung zu. Andere hatten Bedenken und Fragen: Wie passt Qi Gong und Kundalini Yoga in eine Kirche? Was ist eigentlich das aramäische Vater-Mutter-Unser? Worum geht es in der Meditation mit dem Herzensgebet? Werden in einer *Kirche der Stille* überhaupt noch Gottesdienste gefeiert?

Am längsten wurde über die Frage der Eintrittskosten gesprochen. Für die Kalkulation war es unverzichtbar, dass die Kurse, die wir anbieten würden, Geld kosteten. Die Vorstellung, für die Teilnahme an einer kirchlichen Veranstaltung – die Gottesdienste ausgenommen – bezahlen zu müssen, war vielen befremdlich. Sogar ein Eintritt nur für Nicht-Kirchenmitglieder wurde erwogen, aber glücklicherweise doch wieder verworfen.

Am Ende stand fest: Betriebskosten und Honorare der Kursleiter und Kursleiterinnen müssen durch Beiträge der Besuchenden der *Kirche der Stille* erwirtschaftet werden. Die neue fusionierte Gemeinde kann nur einen geringen Teil der Kosten aus Haushaltsmitteln tragen.

Um die Anfragen zu Qi Gong und anderen Formen auszuräumen, half nur eigene Erfahrung: Die Kirchenvorstandsmitglieder wurden eingeladen, die bestehenden meditativen Angebote und Gottesdienste zu besuchen, um sich ein Bild zu machen.

Zum guten Schluss war es ein eher nüchternes Argument eines Kirchenvorstehers, das den Weg zur Zustimmung für alle ebnete. Er meinte: »Was verlieren wir, wenn die *Kirche der Stille* nach zwei oder drei Jahren scheitert? Gar nichts! Wir können die Kirche dann immer noch verkaufen, und dann ist sie in einem hervorragend sanierten Zustand. Lasst uns das Wagnis eingehen!«

Im April 2006 beschlossen die drei Kirchenvorstände der beteiligten Gemeinden jeweils in ihren eigenen Sitzungen: »Der KV begrüßt das Vorhaben, die Christophoruskirche als *Kirche der Stille* zu nutzen; er beauftragt Pastorin Irmgard Nauck zusammen mit einer Projektgruppe mit der Weiterentwicklung des Konzeptes. Er hält es für wünschenswert, dass die Umbaumaßnahmen und Kosten für die Erhaltung des Kirchengebäudes aus dem Verkauf des Pastorats und des Gemeindehauses der Christophorusgemeinde finanziert werden.« – Kurze Zeit später erteilte der Kirchenkreisvorstand Altona die kirchenaufsichtliche Genehmigung für unser Vorhaben.

Eine Profilgemeinde mit drei Kirchen

Damit war auch ein entscheidender Schritt auf unsere Fusion hin getan. Wir wollten eine Profilgemeinde mit drei Kirchen werden. Jeder Kirchturm sollte für ein besonderes Profil stehen.

Die Gemeinde der Friedenskirche hatte ihr Gemeindehaus bereits verkauft. Aus diesem Erlös war die Friedenskirche so saniert und umgestaltet worden, dass die zwei Seitenschiffe vom Hauptschiff abgetrennte Räume bilden. Wesentliche Teile der Gemeindearbeit finden seitdem in diesen beiden Seitenschiffen statt.

Durch ihre besondere Lage auf St. Pauli orientiert sich die Friedensgemeinde seit Langem stark an der Situation im Kiez. Sie ist gut vernetzt mit Bündnissen und Bürgerinitiativen im Stadtteil. Die Friedenskirche selbst ist Ort großer Bürgerversammlungen und Protestbewegungen, ein Ort für Kirchenasyl und Treffpunkt für Kinder, Jugendliche und Seniorinnen. So wurde die Friedenskirche Zentrum für »Stadtteil und Bildung«.

Die St. Johanniskirche war zu Beginn der 1990er Jahre umfassend saniert und auf ein kulturelles Profil hin umgestaltet worden – mit Hebebühne, Lichttraversen, Schallsegel und beweglichen Kirchenbänken.

Seit 1999 ist sie in Hamburg bekannt als »KulturKirche Altona GmbH«. Diese vermietet als Kooperationspartner der Kirchengemeinde Altona-Ost das Gebäude der St. Johanniskirche zu kulturellen und kommerziellen Zwecken. Über die Vermietung werden Einnahmen erzielt, die zum Unterhalt des Gebäudes beitragen. Außerdem kommen so Veranstaltungen ins Haus, die eine Gemeinde sich normalerweise aus eigenen Mitteln nicht leisten könnte. Zugleich bleibt die Kirche ein Ort für Gottesdienst, Kirchenmusik und Teile des Gemeindelebens. Gewinne der GmbH gehen an eine Stiftung. Die wiederum hilft bedürftigen und obdachlosen Menschen bei der Suche nach Unterkunft und Wohnung.

Die *Kirche der Stille* hat ein erkennbar anderes Konzept. Im Leitbild der Gesamtgemeinde vom Juli 2009 heißt es: »Die Gemeinde erkennt an, dass Menschen unterschiedliche Bedürfnisse haben, ihren Glauben zu leben, sich in der Gemeinde einzubringen oder sich als Kirchendistanzierte von unterschiedlichen Angeboten einladen zu lassen.

Dabei sind Kenntnisse der unterschiedlichen Lebenssituationen (Milieus) der Menschen und bewusste Reflexion dieser Kenntnisse eine Grundlage gemeindlichen Handelns.

Die Gemeinde Altona-Ost sieht sich in der Verantwortung für drei neugotische Backsteinkirchen unterschiedlicher Größe und Lage. Sie ist sich bewusst, dass Kirchengebäude visuelle Symbole sind für den christlichen Glauben und die Dimension, die über uns hinausweist. Für die Gemeinde sind die Kirchen Orte für Schutz und Begleitung, Verlässlichkeit, Orientierung und Protest – Werte, nach denen Menschen sich sehnen und für die die Gemeinde einsteht.

Aus diesen Gründen konzentriert sich die Gemeinde auf ihre drei Kirchen, indem sie durch drei unterschiedliche Profile als Kirche präsent ist. Die Gemeinde versammelt sich in den drei Kirchen sowohl am Sonntag zum Gottesdienst als auch regelmäßig während der Woche – die drei Kirchen werden so gleichzeitig als Gemeindehäuser genutzt.

Ebenso versteht die Gemeinde ihre drei Kirchen auch als öffentliche Räume und ›Gast-Häuser‹ für kirchenungebundene Menschen und Initiativen.

Das besondere Profil der Gemeinde Altona-Ost besteht in der Kommunikation und Vernetzung der drei Profilkirchen auf der Basis der biblischen Botschaft. Mit diesem Profil will die Gemeinde in ihrem Stadtteil und darüber hinaus wahrgenommen werden und auf diese Weise ihr Verständnis der biblischen Botschaft in das gesellschaftliche Leben einbringen.«

Der Weg zur *Kirche der Stille*

Die Projektgruppe »*Kirche der Stille*«, die seit April 2006 regelmäßig tagte, bestand aus sechs Frauen, von denen einige viel Erfahrung in Projektplanung, Sponsoring und Baubegleitung mitbrachten. Außerdem waren alle mit Meditation vertraut. Die *Kirche der Stille* zu entwickeln war das Ziel dieser Gruppe. Zugleich war es uns wichtig, gemeinsam auf dem Weg zu diesem Ziel in einen Prozess einzutreten, der schon etwas von Gestalt und Thema der Kirche selber widerspiegelt.

Die größte Herausforderung, vor der wir uns sahen, war der Umbau der Kirche. Bevor wir die äußere Gestalt planten, machten wir uns klar, was im Kirchenraum stattfinden sollte und was deswegen beim Umbau bedacht werden musste. Es war ein Geschenk und ein Abenteuer, die Kirche der Konzeption entsprechend umzugestalten und nicht wie sonst oft die Konzeption an den Raum anpassen zu müssen.

Schon damals war uns klar, dass die Arbeit der Kirche von drei Säulen getragen wird: Stille – Weite – Rhythmus. Herzstück sollte die täglich offene Kirche sein, eine Oase inmitten der Großstadt. Meditationsabende würden rhythmisch wiederkehrend an bestimmte Wochentage gebunden sein. Verschiedene Wege der Meditation aus der christlichen Tradition, wie die Kontemplation und das Herzensgebet, aber auch anderer Traditionen und Religionen sollten angeboten werden, damit Menschen ihren eigenen Weg erproben und sich darin regelmäßig einüben können. Bewegungsmeditationen und Meditatives Singen sollten genauso Raum haben wie regelmäßige Abendandachten und Gottesdienste.

Zu Beginn unserer Treffen meditierten und tagten wir in der Kirche selbst. Die Erfahrung im Raum regte uns an und floss auch in die technischen Planungen mit ein. Schon bald entschieden wir uns, die Raumgestaltung unter dem Aspekt der Energielenkung vorzunehmen, also mit Hilfe von Feng Shui und Geomantie.

»Feng-Shui in der Christophoruskirche« – so lautete die Überschrift eines Artikels über unser Vorhaben im *Hamburger Abendblatt*. Das brachte einige Furore, weniger im eigenen Kirchenvorstand als in der Öffentlichkeit. Ein Argument beruhigte schließlich die Gemüter: Schon die Kirchen im Mittelalter sind de facto mit geomantischem Wissen erbaut. Geomantie ist eine westliche Variante der östlichen Feng Shui-Weisheit.

Wir wurden auf diesem Weg von einer Architektin begleitet, die gleichzeitig Feng Shui-Beraterin war. Mit ihr und einem Bauausschuss, der von Mitgliedern aus dem Kirchenvorstand ergänzt wurde, entwickelten wir die Gestalt der Kirche.

Das war unsere Vision: Die Kirche ist ein leerer Raum. Bänke, Altar, Taufbecken und Kanzel sind verschwunden.

In ihrer neuen Form ist die Kirche nicht geostet und auf den Altarraum, sondern auf die Mitte ausgerichtet. Die Mitte ist betont und gekennzeichnet durch ein in den Boden eingelassenes Oktogon – ein urchristliches Symbol für Neuschöpfung, Taufe und Heilung.

Zwei weitere Oktogone werden in den beiden Eingangsbereichen in den Boden gefliest.

Der Boden der Kirche wird auf ein Niveau gebracht, die Altarstufen werden abgebaut.

Unter der Empore ist eine Wand mit Eingangstür gezogen und davor eine zusätzliche kurze Wand als Sichtschutz vorgestellt. Dadurch wird der Kirchraum von den Geräuschen der Straße wirkungsvoll abgeschirmt. Für viele entsteht dadurch ein stärkeres Gefühl vom Kirchenraum als Zufluchtsort, der Geborgenheit und Schutz bietet. Architektonisch ist durch diese Wand im Übrigen ein weiterer Raum gewonnen, der als Garderobe mit Schließfächern und mit zweiter Toilette genutzt wird.

Die Kirche strahlt eine helle Atmosphäre aus: Alle Wände sind weiß gestrichen und die bunten Kirchenfenster entweder durch weiße Vorhänge oder durch Sichtfolie gedämmt.

Die Farbgestaltung der Kirche ergibt sich aus dem System des Feng Shui: Silber für Metall, dem Element der Zentrierung, Gelb für Erde, dem Grund allen Lebens, und Blau für Wasser, dem Element der Reinigung. Insofern wählten wir blaue Matten und gelbe Sitzkissen aus.

Kanzel, Taufbecken und Altar werden entfernt und behutsam abgetragen. Der Stein der Altarplatte wird von einer Steinmetzin in eine Skulptur in Gestalt eines sich öffnenden Herzens umgewandelt und in die Kirche zurückgebracht.

Ein Brunnen in Form einer goldenen Schale, die auf einer Stele steht, empfängt die Besuchenden im Eingang der Kirche.

Die Bänke müssen raus

Im Januar 2007 feierten wir anlässlich der Fusion zur Gemeinde Altona-Ost zum letzten Mal einen »normalen« Gottesdienst in der Christophoruskirche. Am 1. Juni 2007 gingen wir mit unserer Idee zum ersten Mal an eine größere Öffentlichkeit. Wir feierten einen Gottesdienst zum Übergang, sein Motto: »Die Christophoruskirche geht in die Stille – Die Bänke müssen raus!« Gestaltet wurde er von der Projektgruppe und vom Propst des Kirchenkreises Altona Dr. Horst Gorski, der das Projekt von Beginn an wohlwollend begleitet hat. Viele Menschen kamen. Wir hatten im Altonaer Wochenblatt nach Personen und Institutionen gesucht, die Interesse an den Bänken der Christophoruskirche hatten. Fast alle Bänke sind an diesem Tag abgeholt worden. Zum Beispiel stehen in zwei benachbarten Gymnasien unsere Bänke in deren jeweiliger Aula und auf den Fluren.

In diesem Gottesdienst sagte Propst Gorski: »Nach der Fusion der drei Gemeinden zu einer Gemeinde Altona-Ost übergeben wir diese Kirche einer neuen Verwendung. Ich bin sehr froh, dass wir eine gute neue Verwendung haben. Vor ein paar Jahren lagen noch Gedanken in der Luft, dass wir die Kirche hätten schließen, an andere Konfessionen verkaufen oder für nicht-kirchliche Zwecke umnutzen müssen. Es erscheint mir als Glücksfall, dass es aus der Fusionsgemeinde heraus die Idee gab: Lasst uns hier eine *Kirche der Stille* einrichten, ein Zentrum für Meditation und Gebet. Nach lutherischem Verständnis ist eine Kirche dort, wo Gottes Wort verkündigt und wo gebetet wird. Ein Raum wird nicht durch Kanzel und Altar, wird also nicht durch die Gegenstände zur Kirche, sondern durch Gottes Wort und Gebet. Wenn wir uns von den Gegenständen in dieser Kirche heute verabschieden, berührt das nicht das

Wesen dieses Raumes. Entscheidend ist, dass hier wieder in der Bibel gelesen und gebetet wird. Und so wird es sein.«

Anschließend leitete er in eine feierliche Dank- und Abschiedsphase ein, indem er sich nacheinander dem Altar, der Kanzel, dem Taufbecken und den Bänken zuwandte, die nach diesem Gottesdienst ausgeräumt werden würden: »An diesem Altar wurde über Generationen aus der Bibel gelesen, die Gemeinde versammelte sich um das Abendmahl, Konfirmanden haben den Segen empfangen, Brautpaare haben sich das Ja-Wort gegeben. Wir denken an die Menschen, deren Lebenserinnerungen mit diesem Altar verbunden sind. Wir danken allen, die hier Dienst getan oder sich versammelt haben. Wir beten: Gott, bleibe uns nahe mit deinem Segen in dieser Kirche und unter deinem weiten Himmel. Bleibe in unserer Mitte und geh mit uns.«

Kanzel, Taufbecken und die Bänke würdigte er in ähnlicher Weise. Die Altarbibel, die Taufschale aus dem Taufbecken und ein Meditationssitzkissen wurden der Kirche feierlich übergeben. Als Hinweis auf das Neue stellte ich eine Klangschale auf den Altar.

Danach: Stille. Zum ersten Mal in diesem Gottesdienst. Die Stille zog in den Raum ein. Vermutlich versuchten viele, sich die Kirche ohne die gewohnte Einrichtung vorzustellen. Dann ein Kanon: »Schweige und höre«. Der Raum war wieder erfüllt – mit Gesang.

Die Projektgruppe empfing für ihre Arbeit den pröpstlichen Segen: »Gott gebe euch Weisheit, Mut und Stärke. Er sei bei euch, wenn die Arbeit stockt. Er sei bei euch, wenn ihr Erfolg habt. Er sei bei euch, wenn ihr nach den richtigen Schritten sucht. Er sei bei euch, wenn ihr gefragt werdet, was ihr tut. Gott schirme und schütze euch und behüte euch in seiner Gnade.«

Ein Fürbittgebet durch die Projektgruppe, Vaterunser und der Segen beschlossen den Gottesdienst. Mehr Vorfreude als Abschiedsschmerz lag in der Luft. Auch die älteren Gemeindeglieder wirkten gespannt auf das Neue. Aufbruch, nicht Resignation.

Und dann ging es los: Die meisten der Sitzbänke waren bereits aus ihren Halterungen gelöst worden. Vier Bänke hatten wir auf Rollhunde gestellt, sodass sie nun in einer fröhlichen Aktion nach draußen gefahren werden konnten, symbolisch in alle vier Himmelsrichtungen. LKWs der Schulen standen bereit, luden die Bänke auf und fuhren davon. Dann begann der Umbau.

Komplikationen in Kürze

Das Architektenbüro, für das wir uns entschieden hatten, hatte nicht nur Erfahrungen mit historischer Bausubstanz, sondern auch mit ökologischer Bauweise. Außerdem waren die Architekten bereit, gemeinsam mit Menschen aus dem zweiten Arbeitsmarkt an die Arbeit zu gehen. Ohne Erlaubnis geht ein Projekt dieser Größenordnung natürlich nicht: Das Altonaer Bauamt und das Denkmalschutzamt Hamburg genehmigten noch Ende 2007 den Umbau. Das Baudezernat und der zuständige Bauausschuss der Landeskirche begleitete den Umgestaltungsprozess. Auch der Orgelsachverständige der Landeskirche gab – nach monatelangem Ringen – seine Zustimmung.

Eins darf auf keinen Fall passieren, wenn Menschen meditieren: Frösteln oder Frieren. Das ist in Kirchen ein geradezu klassisches Problem. Zugleich braucht eine Orgel eine möglichst konstante und moderate Temperatur. Zwei Herausforderungen, die einander eigentlich ausschließen.

Das Architektenbüro hatte eine geniale Lösung gefunden: die Kirche durch Strahlungswärme zu beheizen, die Wärme direkt auf die Körper abstrahlt, aber nicht als warme Luft nach oben und damit zur Orgel aufsteigen lässt. Wände und Fußboden sind durch Wand- bzw. Bodentemperierung erwärmt. Eine Wärmedämmung ist auf dem Gewölbe und unter dem Fußboden aufgebracht. Vorsatzfenster verhindern Zugluft durch die Fenster. Ein Kronleuchter hängt in Form eines Achtecks über dem Oktogon. In den Leuchter sind nahezu unsichtbare Heiz- und Leuchtstrahler eingebaut, er hängt über der Mitte und sorgt bei besonders kalten Außentemperaturen für genügend Wärme.

Natürlich dauerte die Umbauphase dann viel länger als geplant, Aufträge mussten zum Teil entzogen und neu vergeben werden. Der Umbau wurde teurer, weil der soziale Träger weniger Arbeiten übernehmen konnte als zuvor gedacht. Es gab eine große Krise im Kirchenvorstand: Statt 250 000 Euro sollten es fast 400 000 Euro Eigenmittel der Gemeinde werden. Der Kirchenvorstand rang sich dazu durch, zusätzlich zum Verkaufserlös aus Pastorat und Gemeindehaus noch eine Rücklage aus der alten Christophorusgemeinde mit beizusteuern.

Organisatorisch sind Verzögerungen natürlich mühsam. Für die Entwicklung von Programm und innerer Gestalt der Kirche war der Zeitgewinn durchaus gut. Es war bewegend, wie viele Menschen mit ihren Kompetenzen und ihren Ideen zum Gelingen der Kirche beitrugen: Eine Grafikerin entwickelte Layout und Logo. Ein Webmaster entwarf den Internetauftritt www.kirche-der-stille.de, den wir bis heute beibehalten haben. Ein Förderverein wurde gegründet. Ein Töpfer spendete 50 japanische Teeschalen. Eine Frau schenkte uns eine große Bibel in Großdruckschrift. Einer der Referenten gab in einem der Gemeindehäuser einen Kurs, dessen Einnahmen er für die Beschaffung von Meditationsmatten spendete. Eine Künstlerin entwarf für uns ein Kreuz aus Treibhölzern, das von vielen geliebt wird.

Ein Lehrer aus der benachbarten Grundschule meldete sich, er sei passionierter Hobbygärtner und würde gern den Kirchgarten in seine Obhut nehmen.

Männer und Frauen fanden sich ein, die dazu bereit waren, mehrmals im Monat die offene Kirche zu hüten, so dass wir bei der Eröffnung bereits mit einem größeren Hüte-Team loslegen konnten. Dieses Hüte-Team sammelte eifrig Gebete und Weisheitssprüche von Mystikern und Mystikerinnen der verschiedenen Religionen, die wir auf Karten zum Lesen und Mitnehmen drucken ließen. Eine ältere Frau wollte für den Blumenschmuck der Kirche sorgen, ein Unbekannter spendete 10 000 Euro für die Grundreinigung und das Stimmen der Orgel ...

Schon im Vorfeld kündigte sich also eine begeisterte Resonanz auf die *Kirche der Stille* an, die uns Frauen in der Projektgruppe in manch mühevoller Phase ermutigt und gestärkt hat. Im Januar 2009 lag das erste Programmheft gedruckt vor. Es wurde zusammen mit der Einladung zur Eröffnungsfeier verschickt und verteilt.

Mit Orgel und Gong

Die Feier begann draußen auf der Helenenstraße, die direkt auf die *Kirche der Stille* zuführt. Da haben wir uns alle versammelt und es ging gemeinsam los. Unterwegs kurze Pausen an kleinen Podesten, mit Fackeln markiert. Dort wurde gedankt: dem Kirchenvorstand der Gemeinde Altona-Ost, der Projektgruppe, dem Architektenbüro und den Arbeitern des sozialen Trägers »Arbeit und Lernen«.

Die über 400 Gäste wurden von einer kleinen Musikgruppe begleitet, Taizélieder erfüllten die Straße mit Gesang. Überall öffneten sich Türen und Fenster in den Häusern, einige Nachbarn kamen heraus und gingen einfach mit. Die Kirche war mit Licht umgeben, Kerzen leuchteten. Da nicht alle Menschen gleichzeitig die Kirche betreten können, umrundeten wir sie mehrmals singend, ehe wir nach und nach hineinkommen konnten.

In der Kirche empfing uns die Orgel mit einem festlichen »Jubilate Deo«. Die Menschen hielten sich an den Händen, sangen und schritten zum Rhythmus dieses Liedes. Immer wieder entstanden neue Tanzschlangen, die einander begegneten und aneinander vorbeischlängelten. Nur auf diese Weise war es möglich, dass diese vielen Menschen gleichzeitig Platz in der Kirche fanden und in fröhlicher und gelöster Atmosphäre miteinander feierten.

Als die Orgel verstummt war, ertönte von der Empore ein großer Gong. Es wurde still. Der Ton verklang: Feierlich übergab der Propst die Christophoruskirche ihrer neuen Nutzung als *Kirche der Stille*. Dann enthüllten wir das Oktogon. Wir fassten das dunkelblaue Tuch, das über der Mitte gelegen hatte. Vier Menschen griffen gleichzeitig zu mit einem Ruck und warfen das Tuch in die Luft. Aus den vier Ecken ein Segen für die Kirche. Dann sangen wir: »Gott ist gegenwärtig. Lasset uns anbeten und in Ehrfurcht vor ihn treten./Gott ist in der Mitte. Alles in uns schweige und sich innigst vor ihm beuge.« Dieser 1729 von Gerhard Tersteegen verfasste Choral war wie ein Eröffnungsgeschenk an die *Kirche der Stille*.

Die Feier selber dauerte nur eine halbe Stunde, viele blieben aber noch länger, schauten sich den neu geschaffenen Kirchraum an, setzten sich rund ums Oktogon auf die blauen Matten, die gelben Sitzkissen oder auf die Hocker.

Am nächsten Tag begann das Programm: Morgenmeditation am Wochenbeginn, offene Kirche tagsüber und Kontemplation am Abend. Und so ist es bis heute.

Stimmen aus dem Kirchenvorstand

Eine Kirche aufzugeben ist für eine Gemeinde in der Regel die allerletzte Option. Jede andere Lösung ist besser. Längst gibt es das ja in Deutschland und nicht nur da: Kirchengebäude werden entwidmet, verkauft oder vermietet, und andere Stile, Töne und Klänge breiten sich aus. Manchmal sogar Gerüche – es gibt Kirchengebäude, die nach dem Verkauf in Restaurants umgebaut werden. Reizvoll für manche Gourmet-Klientel, schmerzhaft für Menschen, die sich dort mit Gebeten, Liedern und Abendmahl speisen ließen.

Wenn es also ein Konzept gibt, das die Kirche als Kirche erhält, als evangelische Gottesdienstkirche zumal, ist das allemal besser. Menschen, die damals im Kirchenvorstand Verantwortung trugen, sind größtenteils heute noch dabei. Eine Kirchenvorsteherin erinnert sich: Da war viel Skepsis zunächst, Interesse zwar, aber auch Skepsis. Schwingt da eigentlich Kritik mit am Gottesdienst, wie er in den anderen beiden Kirchen der fusionierten Gemeinde gefeiert wird? Wenn wir so etwas wie eine *Kirche der Stille* brauchen – was heißt das für die gesamte Gemeinde?

Ein Kirchenvorsteher hätte sich auch gut ein Sozialprojekt in der alten Christophoruskirche vorstellen können, die Obdachlosentagesstätte »Ma(h)lzeit« zum Beispiel. Hauptsache, es kommt wieder Leben hinein, geistliches Leben, soziales Leben. Ein durchdachtes Konzept fiel da auf guten Boden, ja, wenn ihr meint und der Kirchenkreis macht das mit, der Propst unterstützt das – dann macht doch. Probiert es aus. Verkaufen kann man zur Not noch später.

Die Kirchenvorsteherin findet das Konzept immer noch richtig gut. Auch wenn sie selber lieber zu den anderen Gottesdiensten der Gemeinde geht, weil sie gern anspruchsvolle Predigten hört. Sie sehnt sich eher nach Leben als nach Stille, aber sie weiß, dass das vielen anders geht. Für sich schätzt sie die *Kirche der Stille* vor allem als intellektuell inspirierenden Ort, sie geht dorthin, um Vorträge zu hören. Sie interessiert sich für provokante Ideen, möchte angeregt werden und nachdenken. Sie mag die geistige Weite dort, ist neugierig auf die spirituellen Wege, die es in der christlichen Mystik schon gibt. Man muss gar nicht nach Indien fahren, sagt sie, unsere eigene Tradition hat so viele Schätze, aus denen wir schöpfen können.

Der Kirchenvorsteher ist begeistert davon, wie gut das Konzept trägt und wie viele Menschen die *Kirche der Stille* besuchen. Er hat auch die Zahlen im Kopf und nickt anerkennend: Es gibt saubere Kostenaufstellungen, die Kirche erwirtschaftet einen Eigenanteil durch Veranstaltungen, Menschen spenden und zahlen bereitwillig Eintritt. Die Kirche ist regelmäßig tagsüber offen, ein offenkundig gut begleiteter Stamm von Ehrenamtlichen hütet sie. Die Kirche ist von innen und außen liebevoll gestaltet, findet er; sie verbreitet eine gute Atmosphäre und zieht ganz verschiedene Menschen an.

Auch er nutzt eher das Vortragsangebot, nur gelegentlich besucht er die Gottesdienste oder die Atempausen unter der Woche. Dabei sind Stille und Meditation durchaus bekannte Größen für ihn, er scheut die Sitzmatten nicht und fühlt sich in dem Raum und in der Ruhe wohl.

Das tut auch die Kirchenvorsteherin, sie schätzt vor allem die gepflegte und freundliche Atmosphäre drinnen und draußen. Sie lobt den Gärtner, einen Lehrer, der in seiner Freizeit den Garten hegt und betreut und dem jeder Löwenzahn, der dort wächst, bewusst ist. Mitten im zugigen Hamburg trägt dort der Feigenbaum üppig, aus einem Bienenstock brummt es, im Teich schwimmen Fische. Eine

Oase, sagt sie. Offenbar spüren das auch die Mitarbeitenden aus dem Hospiz nebenan. Für sie ist die *Kirche der Stille* ein Zufluchtsort. Mancher, der im Hospiz verstorben ist, wird in der Kirche verabschiedet – das ist für die Mitarbeitenden oft so wichtig wie für Freunde und Verwandte. Beim gemeinsamen Sommerfest von *Kirche der Stille* und Hospiz merke man das auch, sagt die Vorsteherin. Da schlägt ein Puls zusammen.

Ob so manche Anfangsskepsis im Kirchenvorstand auch mit der Offenheit gegenüber anderen religiösen Richtungen zu tun hatte? In Altona-St. Pauli ist man Vielfalt gewöhnt, aber muss die wirklich mitten hinein in die eigene Kirche? – Nein, das sei kein Problem gewesen, man sei neugierig, sagt sie. Das evangelische Profil habe nie zur Debatte gestanden, die Kirche sei eben Gastgeberin und darin offen für andere Religionen. Auch der Kirchenvorsteher findet die interreligiösen Vorträge spannend und in einer evangelischen Kirche durchaus angemessen. Jeder könne wissen, dass z.B. Zen eine Methode sei, keine Religion.

Er findet es gut, wenn in der Kirche nicht nur »Pseudoselbstverständlichkeiten« verbreitet werden. Was er damit meine? Es gehe neben aller Selbstvergewisserung doch auch darum, die richtig wichtigen Fragen zu stellen. Gibt es einen »persönlichen Gott«? Oder konkreter: Was machen wir eigentlich mit dem Glaubensbekenntnis – mit diesen ganzen schwer verdaulichen Vorstellungen von dem auferstandenen Sohn, der zur Rechten Gottes sitzt, »und wieder kommen wird zu richten die Lebenden und die Toten«?

Um damit umzugehen, braucht es allerdings das Wort, das nachdenkende. In der Stille lässt sich das nicht klären, nur betrachten. Und deshalb ist es gut, dass die *Kirche der Stille* **ein** Bestandteil der Gemeinde Altona-Ost ist, ein wichtiger und besonderer zwar, den es zu pflegen und zu entwickeln gilt. Aber eben nur einer von dreien.

Porträt – der Propst

Das Büro ist funktional, geordnet, einladend. Keine Aktenberge, keine Aura des Unerledigten. Im Gegenteil. Ordentliche Buch- und Ordnerreihen, dazwischen ein ironisch anmutendes großes Porträt eines Hundes mit Talar und Stola. Ein paar Fotos. Kaffee, Tee, Wasser. Lässige und freundliche Gastlichkeit im vermutlich strikt getakteten Tag.

Er ist sofort im Thema, wach, konzentriert. Was tun wir mit unseren Kirchen? Die Frage ist nicht auf die Gemeinde Altona-Ost, nicht auf Hamburg beschränkt. Es wird mehr werden, dass Kirchengemeinden, fusionierte zumal, nicht alle ihre Gebäude als Gemeindekirchen erhalten können. Von dieser Einschätzung her heißt es, mutig weiterzudenken. Umgestaltete Räume, die trotzdem erkennbar Kirchen bleiben, sind aus seiner Sicht die beste Lösung.

Das schätzt er auch an der *Kirche der Stille* besonders: Mit unkonventionellen Mitteln – Feng Shui-Beratung – ist ein Raum entstanden, der anders ist als übliche Gemeindekirchen und trotzdem klar Kirche. Der Raum selbst, sagt er, signalisiere diese Durchlässigkeit zu anderen Traditionen. Der Raum habe im Gegensatz zu seiner früheren, aus den 50er Jahren stammenden Gestalt deutlich gewonnen, aus seinem Schattendasein sei er herausgekommen und habe jetzt einen klaren geistlichen Mittelpunkt.

In den vergangenen Jahren sind die Themen Meditation, Stille, neue Formen von Musik und Gebet in Mode gekommen. Er findet das gut. Aus der katholischen Tradition der Klöster und Kommunitäten, aber auch aus fernöstlicher Religiosität heraus kämen diese Anfragen.

Dabei gerate auch in den Blick, dass die evangelische Tradition in diesen Dingen etwas Eigenes zu bieten habe. Luthers Beichtvater Staupitz sei selber mystisch inspiriert gewesen, habe über Johannes Tauler geforscht und Luther damit beeinflusst – lange habe man diese Aspekte der Reformation nicht rezipiert. Mystik sei sowieso nie etwas für alle gewesen.

Ihm gefällt es jedenfalls, dass die *Kirche der Stille* mit ihren Angeboten sowohl den Suchenden aus der christlichen Tradition als auch denen aus den Randbereichen des Christentums etwas Substanzielles anzubieten habe.

Er ist selber selten in der *Kirche der Stille* zu Gast. Die Aufgaben als Propst ließen das praktisch nicht zu. Er hört viel, fragt auch nach, informiert sich und hat das Projekt von Anfang an unterstützt. Ihn fasziniert, was Irmgard Nauck ihm von den Menschen und Veranstaltungen dort erzählt. Er erlebt die Kollegin und ihre Arbeit dort als stark und bei aller Offenheit profiliert. Sie versuche ja, das meiste selber mitzuerleben, auch die Angebote von externen Referentinnen. Von manchen habe sie sich auch wieder getrennt. Sie ließe nicht alles zu, das gefällt ihm. Offen – aber nicht beliebig, das sei für das Profil wichtig. Es ist und bleibt ein christlicher Raum, der anderen Strömungen und Überzeugungen Gast-Raum bietet. Natürlich hinge viel davon an ihrer Person und ihrem Engagement.

Für ihn ist die *Kirche der Stille* eine, die Raum lässt für Neugier und Sehnsucht. Es sei eine Erfahrung der Offenen Kirchen an vielen Stellen im städtischen Bereich: Die Gästebücher zeigen es. Menschen besuchen Kirchen, interessieren sich für die Dinge dort, lesen in der Bibel, sind neugierig auf das, was zu sehen ist.

Gefragt nach der spezifisch protestantischen Gattung Predigt und Bibelauslegung, nach der Kirche des Wortes also, lächelt er – fast verschmitzt. Predigt in der Form, die sich heute eingebürgert habe, sei nicht die einzige Form der Verkündigung. Wenn das in eine Veranstaltungsweise, die viele wollten und die gut funktioniere, nicht reinpasse – dann eben nicht. Er fragt seinerseits nach Taufe und Abendmahl und freut sich sichtlich daran, dass dies in der *Kirche der Stille* immer häufiger geschehe. Ihm gefällt, dass manche Gottesdienstbesucher Abendmahl gewünscht haben, dass die Gottesdienst-Formen durchlässig und dynamisch sind, aber zugleich in ihrer Art christlich profiliert.

Die Kita-Leiterinnen zum Beispiel hätten dafür ein gutes Gespür. Früher sei so mancher Pastor in der gemeindeeigenen Kita nicht erwünscht gewesen, heute käme gerade von dort die Frage nach Unterstützung und Kooperation. Gerne hört er, dass die Erzieherinnen das besonders für Kitas kostbare »Gut Stille« in der *Kirche der Stille* einüben und in ihre Einrichtungen sozusagen mitnehmen.

Er denkt laut: ob es problematisch sei, mit Stille und Meditation auch Moden zu bedienen. Aber eigentlich sei das immer so gewesen. Die Diskurse der Zeit und die kirchlichen Diskurse mischten sich nun mal. Auf das zu hören, was die Menschen suchen und wollten, sei nicht Populismus. Er verweist auf den 7. Artikel des Augsburgischen Bekenntnisses, der Grundlage der protestantischen Kirche: Reine Lehre und christusgemäße Verwaltung der Sakramente. Traditionen, Riten oder Zeremonien, die von Menschen eingeführt sind, müssen nicht einheitlich sein. Die Form in der *Kirche der Stille* sei im guten Sinne eine »andere Gestalt«.

Fast naturgemäß gehe sie deswegen nicht nahtlos auf in der fusionierten Gemeinde Altona-Ost. Sie sei eine eigene Form, und die Mehrzahl der Menschen, die dorthin käme, würde möglicherweise in anderen Gemeinden keinen Platz finden. Die *Kirche der Stille* habe einen eigenen Stil. Die Gemeinde unterstütze dies, die eine Hälfte der Stelle der Pastorin wird aus Mitteln der Gemeinde finanziert, die andere Hälfte aus dem Kirchenkreis; für Aufgaben, die über die konkrete Parochie weit hinausgingen. Das sei gut und richtig so.

Trotzdem kann er sich eine engere Verzahnung der Gemeindeteile auch vorstellen. Auch er hätte Lust, einmal einen Abendgottesdienst dort mitzufeiern, mit zu leiten – aber er bremst sich sofort: im Ruhestand vielleicht. Was würde er nicht alles gern mitmachen in seinem vielfältigen Kirchenkreis, und doch geht das als Propst in der Mehrzahl der Fälle einfach nicht.

Meditation gehört auch zu seinem Leben. Morgens, gar nicht lange, aber ehe er das aufgibt, muss schon viel passieren. Seine eigene *praxis pietatis*, da wird er plötzlich ernst, sei nicht fern von dem, was er sich im Raum der *Kirche der Stille* vorstelle. Das gehöre für ihn dazu – spirituell. Und deshalb freut er sich als Propst und Kirchenkreisverantwortlicher, aber auch als glaubender Christenmensch über die *Kirche der Stille*.

Zugleich – pluralismusfähig und vielfaltswillig, wie er nun einmal ist – würde er auch für andere Formen der Frömmigkeit in seiner Kirche kämpfen und tut es auch. Das ist Chance und Reichtum, das will er nicht missen.

Kirche muss bei dem sein, was die Menschen in ihrer Zeit suchen und brauchen, mit ihren Hoffnungen und Sorgen fühlen. Und gerade deshalb geht sie in Selbstoptimierungsstrategien nicht auf. »Gefahr der Selbstsakramentalisierung« nennt er das, dies perfekte Funktionieren-Müssen, die Generation i-pad, die Allerreichbarkeit.

Nahe ist ihm da immer wieder der Marburger Theologe Henning Luther, früh in den 1990er Jahren verstorben, dessen Texte er immer neu liest. »Leben als Fragment«, »Trost ohne Lügen« – das sind Gedanken, die ihn tragen und überzeugen. Christen können zugeben, dass sie leben können im vollen Bewusstsein von Scheitern und Misslingen. Das findet er stark.

Am Schluss des Gesprächs hält er plötzlich inne: »Wissen Sie«, sagt er, »früher habe ich das nie verstanden, Bilder in nur einer Farbe, Gemälde, auf denen sozusagen nichts drauf ist. ›Was wollen die Leute nur damit‹, dachte ich. Und neulich war ich in Berlin in der Gerhard-Richter-Ausstellung, einige monochrome Bilder hat er auch, und ich dachte: Wie wunderbar still. Nicht belästigt werden. Eine Farbe nur, sonst nichts. Reduktion. Das ist es.«

3. Kapitel
»Viel mehr als kein Geräusch« – Stille

Eine *Kirche der Stille*. Der Name ist Programm. Der Raum im Inneren lädt zu Stille ein und ermöglicht sie zugleich – mitten in der Großstadt. Eine der Herausforderungen für die *Kirche der Stille* ist und bleibt es, genau die Formen zu finden und anzubieten, die in diesen Raum auch passen und die sich Menschen in einer Kirche wünschen.

Dieses Kapitel soll zeigen, warum Stille für einen spirituellen Weg von entscheidender Bedeutung ist. Andererseits skizziert es verschiedene Wege, die in die Stille führen. Diese Wege werden seit 2009 in Altona erprobt.

Erste Einsichten

Was ist Stille? Stille ist mehr als kein Geräusch. Mehr als Abwesenheit von Krach und Aktion. Stille ist ein hochkonzentrierter und zugleich ganz leerer Zustand, der Vorbereitung braucht. Selbst Stille-Profis können ihn nicht einfach anschalten. Geräusche haben einen Anfang und ein Ende, die Stimme hebt und senkt sich – aber die Stille? Wie entsteht Stille überhaupt? Oder besser: Wie kann ich in mir einen stillen Zustand erzeugen – anders als mit Ohropax oder im Schlaf? Wie kann ich also beides haben: Bewusstsein und Stille? Oder: Ist Stille vielleicht immer schon da, nur ich bin nicht »in ihr«, das bedeutet, sie ist mir nicht zugänglich?

»In die Stille kommen« – schon diese Formulierung weist auf einen Prozess hin, der Fertigkeiten und Vorbereitungen erfordert. »In die Stille kommen« – das kann auf ganz unterschiedliche Weisen gelingen. Stilles Sitzen, achtsames Gehen, mantrisches Singen, meditatives Tanzen. Behutsame und genau angeleitete Körperwahrnehmungen können ebenso in die Stille führen wie Bewegung und Rhythmus.

Voraussetzungen für Stille. Matten mit Sitzkissen und Sitzbänkchen unterschiedlicher Höhe, aber auch Stühle und Hocker stehen in der Kirche zur Verfügung. Wichtig ist es zunächst, einen Platz zu finden, auf dem man richtig gut sitzen kann. Dabei bedeutet »gut sitzen« im Grunde, so zu sitzen, dass ich das Sitzen an sich vergessen kann und meine Sitz-Position keine Aufmerksamkeit mehr erfordert. Ich brauche eine Sitzhaltung, die mich nicht anstrengt und die ich über längere Zeit (fünf oder zehn, aber auch 30 Minuten) so lassen kann.

Jede Meditation, unabhängig vom Weg und von der Religion, beginnt mit bewusster Körperwahrnehmung, die sich in drei Schritten aufbaut: das gut gegründete Sitzen, die aufgerichtete Haltung und die Achtsamkeit auf den Atemstrom. Stille beginnt in der Präsenz im Körper. Einfach dasitzen, wach, präsent im Hier und Jetzt, achtsam in der Wahrnehmung dessen, was ist – ohne jede Absicht und Bewertung.

Einfach dazusitzen ist nicht einfach. Das erfahren alle, die es versuchen. Zunächst schmerzt der Körper an unterschiedlichen Stellen. Das wird zwar mit jedem Mal weniger, denn der Körper lernt, sich immer tiefer niederzulassen und das auch zu genießen. Doch das ist nur die äußere Seite. Wenn es außen still wird, meldet sich die innere Seite, die inneren Stimmen, die im Alltagstrubel meist übertönt werden. Es wird laut: Unablässig steigen Gedanken und Gefühle auf – das tun sie auch sonst, aber normalerweise merken wir das nicht so stark, weil wir in Bewegung sind, sprechen, agieren und reagieren. Wenn außer dem Atem alles Bewegliche abgestellt ist, wittern die Gedanken sozusagen ihre Chance. Täglich sollen es 60 000 sein, die unser Hirn produziert. Und 80 Prozent davon hatten wir auch gestern schon.

Um also auch in eine innere Stille zu kommen, braucht es noch einmal ganz andere Hilfsmittel als für die äußere Stille. Das Aufsteigen der Gedanken kann ich nicht verhindern, aber ich kann lernen, sie nicht mehr zu beachten und zu bewerten. Ich kann lernen, sie an mir vorbeiziehen zu lassen wie Passanten, die ich nicht hereinbitte, oder wie Wolken, die am Himmel vorüberziehen.

Was hilft. Die Konzentration auf den Atem ist das Hilfsmittel für innere Stille. Der Atem wird regelmäßig und sinkt tiefer, wenn ich mich nicht bewege. Zugleich ist er das Einzige, was noch wahrnehmbar »passiert« oder geschieht.

Wenn ich meine Konzentration auf den Atem lenke, gilt meine Aufmerksamkeit nur einer Sache. Daran kann ich mich geradezu festhalten. Wenn Gedanken kommen, kann ich mit etwas Disziplin versuchen, immer wieder zum Atem zurückzukehren.

In der Meditation gibt es eine Übung, die dabei hilft. Man zählt die Atemzüge – immer bis zehn. Jedesmal, wenn ich mit meinen Gedanken abgeschweift bin, beginne ich wieder mit eins. Eine Übung, die demütig macht – denn das passiert häufig. Es passiert jedem, der sich auf den Weg in die Stille begibt.

Ursula Richard schildert in ihrem Buch »Stille in der Stadt« ihre jahrzehntelange Erfahrung mit Meditation und Achtsamkeitsübungen. Sie berichtet von Menschen, die versuchen, in vollem Bewusstsein einen Apfel zu schälen, das Messer zu fühlen, den Druck, das Schneiden und den Geschmack beim Essen, und die nicht in der Lage sind, auch nur eine Minute bei dieser Erfahrung zu bleiben.

Stille und Glauben. Wenn ich einfach nur dasitze, nichts tue, als zu atmen – die Hände liegen im Schoß, der Kopf denkt nicht, der Mund spricht nicht, dann geschieht es – von Moment zu Moment –, dass ich ganz da bin. Ich bin im Einklang, ich bin im Frieden, ich bin in der Ruhe des Herzens. Darin erfahre ich Nähe zum göttlichen Geheimnis, mein Leben rührt an Gott. »Gott ist ein Gott der Gegenwart. Wie er dich findet, so nimmt und empfängt er dich, nicht als das, was du gewesen, sondern als das, was du jetzt bist.« (Meister Eckhart)

Es ist ein klares und einfaches Gefühl, schwer in Worte zu fassen. Im Grunde genommen scheue ich die theologischen Begriffe dafür. Nennen wir es Momente gelebter Rechtfertigung oder Erfahrung von bedingungsloser Liebe: einfach dasitzen und mir an Gottes Gnade genügen lassen (2. Korinther 12,9). Noch einfacher gesagt: Ich darf dasitzen und mich lieben lassen – so, wie ich bin. Gott ist da, und ich bin da – das genügt.

Und wenn ich in dieser Weise einfach nur dasitze, brauche ich dafür natürlich meinen Körper. Der Körper spielt beim Sitzen in der Stille eine größere Rolle als beim Sitzen auf einer Kirchenbank. Wenn ich einfach nur dasitze und meinen Körper wahrnehme, kann die körperliche Erfahrung zugleich zu einer spirituellen werden. Wieder in der Sprache des Glaubens gesagt: Ich erfahre meinen Körper als den Ort, in dem Gott mir begegnet, als Tempel der Heiligen Geistkraft (1. Korinther 6,19). Ich erlebe meinen Atem als die Kraft, die mich mit dem Atemhauch Gottes verbindet.

Ich spüre hin zum Boden unter mir, nehme mit ihm Kontakt auf und lasse mich tiefer auf ihm nieder. Darin vertraue ich mich dem tragenden Grund meines Lebens an.

Zugleich richte ich mich in der Wirbelsäule auf und nehme den Raum über mir wahr. So richte ich mich aus zu dem, was über mir ist und über mich selber hinausweist. Ich achte auf den Rhythmus meines Atems: Einatmend lasse ich ein, ausatmend lasse ich los, und die kleine Pause dazwischen lässt mich sein.

Darin erlebe ich ein spirituelles Geschehen: meinen Atemstrom als einen Austausch mit dem Atemhauch Gottes. Diese Lebenskraft nennen wir auf Deutsch Heiliger Geist, lateinisch den *spiritus sanctus*, griechisch das *pneuma hagion*, hebräisch die *ruach* oder im Sanskrit das *atman*. Alle diese Bezeichnungen meinen die göttliche Lebenskraft, die in uns und durch uns wirkt, gerade durch den Rhythmus des Atmens. Im Atem lasse ich mich auf das Leben selbst ein, lasse es in mir geschehen. Ich hole nicht Atem, er strömt von selbst in mich ein. Was ich zum Leben am nötigsten brauche, empfange ich, ohne etwas dafür zu tun.

Nach jedem Ausatmen entsteht eine kleine Pause, bevor der Einatem kommt. Wenn ich dieser Pause in meinem Atemrhythmus Beachtung schenke, dann verstehe ich etwas Wesentliches vom heilsamen Rhythmus meines Lebens.

Was die Stille stört. Und wenn dann doch wieder die Gedanken kommen – an den nächsten Termin, an die unangenehme Dienstbesprechung gestern, an die blöde Geschichte, die mir jemand erzählt hat, die jemand anderes über mich verbreitet, wenn das alles auf mich niederprasselt – was dann?

Die Gedanken gehen nicht einfach so weg, bloß weil ich es will. Ich kann mich auch nicht darauf verlassen, dass ein immer gleiches Mantra oder eine besonders bequeme Sitzhaltung sie schon vertreiben werden. Meine Chance ist: Ich muss diese Gedanken nicht bekämpfen, und ich muss sie auch nicht vertreiben. Ich schaue sie mir an und nehme sie wahr – aber ich befasse mich nicht mit ihnen. Ich versuche, die Gedanken als Vergangenheit oder Zukunft zu erkennen – von mir verschieden, denn ich bin ja in der Gegenwart. Ich kann mir sagen: Ich habe diesen Gedanken, aber ich bin nicht dieser Gedanke. Ich sitze hier auf dem Kissen (oder auf dem Stuhl oder gehe auf der Straße) – und dadurch kehre ich zum gegenwärtigen Augenblick zurück.

Und der Gewinn für den Alltag: Nehme ich im Meditieren meine Störungen an als dazugehörende Kräfte in meinem Leben, kann ich auch im Alltag anders mit Störungen umgehen.

Mein persönlicher Weg. Ich selbst bin zu verschiedenen Zeiten meines Lebens verschiedene Wege der Stille gegangen. Mit 30 Jahren war ich weit davon entfernt, mich auf einem Sitzbänkchen still niederzulassen und zu meditieren. Da entdeckte ich für mich das meditative Tanzen: Der vorgegebene Rhythmus und Schritt hat meine ganze Aufmerksamkeit gebunden, mich zentriert und mir geholfen, präsenter zu sein. Die Verbundenheit im Kreis und in der Gruppe um eine Mitte haben mir eine Ahnung von meiner eigenen Mitte gegeben und davon, dass Gott mitten im Leben ist, nicht weit weg.

Einige Jahre später entdeckte ich die Kraft des meditativen Singens: wie im mantrischen Singen sich Melodie und Worte tief in mir einprägen können; wie es in mir zu singen beginnt, wenn ich nicht mehr auf Text und Melodie achten muss; wie ich mich darin geborgen und getragen erfahren konnte. Ich sah in die Gesichter der Menschen, die mit mir im Kreis standen, und erkannte ähnliche innere Bewegungen. Manchmal war ich von meinen eigenen Gefühlen – protestantisch, wie ich geprägt und erzogen bin – selbst erstaunt. Phasenweise habe ich diese Lieder als Gefühlsduselei abgetan, um doch immer wieder zum Singen zurückzukehren und dabei das Gefühl zu haben, dass ich meine geistlichen Quellen auffrische.

Das stille Sitzen erfuhr ich zunächst im Zen. Gundula Meyer, nordelbische Pastorin im Ruhestand, hatte sich in den 1980er Jahren in Japan zur Zen-Meisterin ausbilden lassen und gab regelmäßig im Kloster Ratzeburg Fünf-Tage-Kurse im stillen Sitzen. Auch wenn ich manches Mal vom Bänkchen hätte fliehen können und mir die Sitzerei öde und ermüdend war, bin ich dankbar für die Spur, die im Zen für mich gelegt worden ist.

Ich bin weiter auf der Suche geblieben nach dem »richtigen« Weg für mich. So fand ich zur Meditation mit dem Herzensgebet, für das ich in der *Kirche der Stille* stehe, zusammen mit meinem Kollegen Wolfgang Lenk, der mich vor Jahren ins Herzensgebet eingeführt hat. In regelmäßigen Abständen vertiefe ich meine Herzensgebetspraxis im Via Cordis-Zentrum in Flüeli-Ranft in der Schweiz bei dem Theologen und Psychoanalytiker Franz-Xaver Jans-Scheidegger, der viele Menschen auf den Weg des Herzens gebracht hat.

Auf diesem Weg lasse ich mich von einer Fachfrau begleiten. Meine geistliche Begleiterin stammt ebenfalls aus dieser Tradition.

Ich erzähle an dieser Stelle von meinem Weg, weil er etwas Typisches deutlich macht: Menschen sind auf der spirituellen Suche, und auf dieser Suche gelangen sie an verschiedene Wege, die sie für sich ausprobieren müssen. Eine gegenstandslose Meditation ist für den einen heilsam, für die andere kein Weg. Zudem spielt es eine große Rolle, wer den Weg in die Stille vermittelt und ob ich mich dieser Person anvertrauen kann.

Insofern haben wir uns entschlossen, verschiedene Wege in die Stille in regelmäßigem Rhythmus ins Programm der *Kirche der Stille* aufzunehmen. Alle Leiterinnen und Leiter sind mir seit Langem persönlich bekannt, haben eine qualifizierte Ausbildung und eine lange eigene Stille-Praxis.

Sechs Wege in die Stille

Herzensgebet

Das Herzensgebet, auch Jesusgebet genannt, ist ein lang erprobter Weg christlicher Meditation. Es gehört zu den mantrischen Wegen in die Stille und folgt dem Pauluswort »Betet ohne Unterlass« (1. Thessalonicher 5,17). Es ist hörendes Beten und aufmerksames Verweilen in der Stille. Als wiederholendes Beten, bei dem ein Wort aus der Heiligen Schrift im Herzen bewegt wird, hilft es, Gedanken und Bilder loszulassen und offen zu werden für die Gegenwart Gottes. Das Herzensgebet ermöglicht einen geistlichen Weg, auf dem wir eine neue Beziehung zu Gott, uns selbst, unseren Mitmenschen und zu unserem Alltag finden.

Schon im 3. Jahrhundert pflegten Christinnen und Christen in der Einsamkeit der ägyptischen Wüste das Herzensgebet. Ab dem 12. Jahrhundert verbreitete es sich besonders unter orthodoxen Christen in Griechenland auf dem Berg Athos und in Russland, wo es im 18. Jahrhundert seine Blütezeit erlebte. Dort wurde es als Jesusgebet weitergegeben mit dem mantrischen Ruf: »Herr Jesus Christus, erbarme dich meiner.« Seit Beginn des 20. Jahrhunderts erfreut es sich auch im westlichen Christentum immer größerer Beliebtheit. 1925 erschien die erste deutschsprachige Ausgabe der *Aufrichtigen Erzählungen eines russischen Pilgers*. Darin wird in einer Weise die Tradition und Wirkweise des Jesusgebets beschrieben, die viele Menschen auf den Weg des Herzensgebets lockt.

Das eigene Herzenswort zu finden kann eine Weile brauchen. Dabei können Fragen unterstützen: Was verbindet mich mit dem Geheimnis Gottes? Mit welchem Namen rufe ich es an? Wohin geht meine tiefste Sehnsucht? Als Hilfestellung nennen wir mögliche Herzensworte: »Schalom« oder »Jesus Christus«; »Ich bin da«, »Du in mir und ich in dir«, »Du, mein Licht« oder einfach nur »Ja«. Die Übenden bleiben über eine längere Zeit bei einem gewählten Herzenswort, damit es sich in ihnen »einwohnen« kann. Viele legen es auf den Rhythmus ihres Atems. Ziel ist, dass sich das Herzensgebet wie von selbst einstellt – im Herzen, nicht im Verstand.

Das Herz verstehen wir als unsere Wesensmitte, in der wir mit Gott eins werden können. Das Herzensgebet mündet in ein inneres Hören auf die Gegenwart Gottes. Meister Eckhart hat das so beschrieben: »Du brauchst Gott weder hier noch dort zu suchen, er ist nicht weiter als vor der Tür des Herzens; dort steht er und harrt und wartet, wen er bereit finde, dass er ihm auftue und ihn einlasse. Du brauchst ihn nicht von weit her zu rufen; er kann es kaum erwarten, dass du ihm auftust. Es ist ein Zeitpunkt: das Auftun und das Eingehen.«

Die *Via Cordis*, der Weg zur Mitte des Herzens verwandelt sich zum Weg aus der Mitte des Herzens. Aus dem Herzensgebet zu leben muss nicht auf stilles Sitzen beschränkt sein. Eine verspätete U-Bahn oder eine Schlange an der Supermarktkasse können geschenkte Zeit werden, in der ich das Herzensgebet übe. Die Übung kann meine Einstellung zum Alltag und den Umgang mit Menschen verändern. So mancher Stressfaktor gerät unversehens zum Geschenk. Und doch gilt auch hier: Was sich am einen Tag ganz einfach und selbstverständlich anfühlt, will am nächsten Tag so überhaupt nicht gelingen. Ich kann es nicht zwingen.

Genauer hinhören und achtsamer wahrnehmen, was ist; weniger bewerten und Gedanken und Gefühle gelassener durchfließen lassen, das ist schon ein riesiger Schritt im Übergang von Meditation zum Alltag.

Ein Meditationsabend im Herzensgebet hat immer den gleichen rhythmischen Verlauf:

Wir beginnen mit der Wahrnehmung unseres Körpers. Ein paar Übungen aus dem Yoga lassen uns ankommen. Dem folgt ein spiritueller Impuls, der meist von einem Bibelvers oder einer biblischen Geschichte ausgeht und zum Herzensgebet hinführt. Wir sitzen etwa zwanzig Minuten und gehen dann achtsam, aber in nicht zu langsamem Tempo um das Oktogon, die Mitte der Kirche, herum – gleichsam ein Vorbereiten auf das Gehen im Alltag. Das Herzenswort legt sich auf den Rhythmus des Gehens. Wieder setzen wir uns gute zwanzig Minuten in Stille. Ein gemeinsam gesprochenes Gebet beschließt den Abend. Es ist – wie in allen Herzensgebetsgruppen – das Gebet des Nikolaus von der Flüe: *»O du, mein Gott, nimm alles von mir, was mich hindert zu dir. O du, mein Gott, gib alles mir, was mich fördert zu dir. O du, mein Gott, nimm mich mir und gib mich ganz zu eigen dir. Amen.«*
Ein Segen zur Nacht entlässt in Stille die Meditierenden.
Wer Fragen hat, bleibt zum Gespräch.

Kontemplation

In der Stille dasitzen und sich auf Gott ausrichten – das nennt man auch »Kontemplation«. Contemplare heißt auf Lateinisch »betrachten« oder »schauen«. Die Silbe »con« bedeutet auch »gemeinsam«, der templum ist der heilige Raum. Wer sich in Kontemplation begibt, wird – so die Tradition – selber zum Tempel, zum Ort, in dem Gott wohnt und wo wir ihn schauen. Das kann man aber nicht

»machen« und auch nicht machen wollen. In manchen Passagen der Bibel leuchtet es auf wie ein Versprechen. Paulus schreibt: »Wisst ihr nicht, dass euer Körper ein Tempel der heiligen Geistkraft ist, die in euch ist?« (1. Korinther 6,19).

Die Kontemplation ist eine alte christliche Meditationsweise, die zu Achtsamkeit, Gelassenheit, innerer Ruhe und der Erfahrung Gottes im eigenen Wesensgrund führen möchte. Die Kontemplation ist ein gegenstandsloser Versenkungsweg. Sie ist ein Weg der Mystik im Christentum. Das griechische Stammwort myein bedeutet »sich schließen«, nämlich des Mundes. So wird Kontemplation zum Gebet der Ruhe. Teresa von Avila, Meister Eckhart und in unserer Zeit Pater Lassalle und Willigis Jäger sind diesen Weg gegangen. Ziel der Kontemplation ist, sich für Gottes Gegenwart zu öffnen und den inneren Ort zu erfahren, an dem ich geliebt und zutiefst zu Hause bin. Anders ausgedrückt: Kontemplation hilft, die Person zu werden, die ich im (Wesens-)Grunde bin. In der Tradition sprach man von Gottesschau, Jesus redete vom Reich Gottes und die alten Weisen des Fernen Ostens von Erleuchtung.

In der Kontemplation übe ich eine äußere und eine innere Haltung ein. In der äußeren Haltung sitze ich aufrecht. Ich bin ruhig und offen für alles, was geschieht. Ich habe guten Kontakt zum Boden und spüre, wie er mich trägt und hält. Die Hände ruhen locker ineinander und liegen in meinem Schoß. Die Augen sind leicht geöffnet, der Blick ist gesenkt. Zum stillen Sitzen kommen weitere Elemente, wie das achtsame Gehen, Körperübungen zum Leibbewusstsein und gemeinsames Rezitieren eines Textes.

Wichtiger noch ist die innere Haltung: Ich sammle mich zunächst ein aus dem Vielerlei des Alltags. Ich folge dem Strom meines Atems oder zähle die Atemzüge. Je dichter ich mich nur auf den Atem konzentriere, desto tiefer sinke ich ein in diesen Augenblick – das Bewusstsein klärt sich. Die Erfahrung von Gottes Gegenwart bleibt Geschenk und Gnade.

Kontemplation ist ein Lebensweg, der von einem erfahrenen Menschen begleitet werden muss, mit dem ich Umwege und Abwege besprechen kann, die unterwegs passieren können.

Auch ein Kontemplationsabend hat immer den gleichen rhythmischen Verlauf:

Körperübungen zum Leibbewusstsein zu Beginn. Es folgen mehrere Einheiten stilles Sitzen von ca. fünfzehn Minuten, dazwischen achtsames Gehen und ein spiritueller Impuls. Während des stillen Sitzens gibt es die Möglichkeit zum Einzelgespräch in der angrenzenden Sakristei mit Jens Kretschmer. Er leitet die Kontemplationsabende und auch die Tage bzw. Wochenenden in der *Kirche der Stille*. Er ist langjähriger Kontemplationslehrer (WSdK) im Würzburger Forum der Kontemplation e.V.

Jin Shin Jyutsu

Auch wenn der Name dieses Weges zunächst fremd klingt, geht es auch hier um Stille und um ein zentrales Anliegen Jesu: um die Heilung von Menschen durch Berührung oder das Handauflegen. Im Lukasevangelium wird etwa die Geschichte von der Heilung der seit 18 Jahren verkrümmten Frau erzählt: Jesus »legte ihr die Hände auf, und die Frau richtete sich sofort gerade auf und pries Gott« (Lukas 13,13). Es ist nur eine der zahlreichen Heilungsgeschichten im Neuen Testament, die wir meist symbolisch verstehen. Aber wenn es so wäre, dass durch die Berührung Selbstheilungskräfte aktiviert werden? Das lässt sich im Jin Shin Jyutsu erfahren.

Jin (wissender, mitfühlender Mensch) Shin (Schöpfer) Jyutsu (Kunst) ist eine mehrere tausend Jahre alte Kunst zur Harmonisierung der Lebensenergie im Körper. Diese Kunst stammt aus einer alten japanischen Weisheit, wurde von Generation zu Generation weitergegeben und geriet langsam in Vergessenheit. Anfang des 20. Jahrhunderts belebte sie der Japaner Jiro Murai neu. Meister Murai hat die alten Bücher studiert, besonders das »Kojiki« (Buch der Alten Dinge). Er hat selber Heilung erfahren und wollte sein Wissen weitergeben und die Tradition neu entfachen. Seine Schülerin Mary Burmeister brachte Jin Shin Jyutsu in die USA und begann in den frühen Sechzigerjahren diese Kunst zu lehren. Heute sind es weltweit Tausende, die Jin Shin Jyutsu studieren und ausüben.

Jin Shin Jyutsu weiß um Energie, die durch die Hände aller Menschen fließt und uns erlaubt, das Energiegewebe für Körper, Geist und Seele in jenes Gleichgewicht zurückzuführen, das sein natürlicher Zustand ist. Jin Shin Jyutsu weiß auch um Energiebahnen, die unseren Körper weben, warten und pflegen. Ihre Harmonisierung durch sanfte Einwirkung unserer Hände ermöglicht eine feine Selbstregulierung des ganzen Wesens.

Das Erlernen von Jin Shin Jyutsu führt zu einer besonderen Kunst der Selbsterkenntnis. Es ist eine sanfte Kunst, in der man die Fingerspitzen (über der Kleidung) auf bestimmte »Sicherheits-Energieschlösser« legt, um so den Fluss der Energie zu harmonisieren und wiederherzustellen. Dieses sogenannte »Strömen« unterstützt den Abbau von Stress und Spannungen, die sich in unserem gewöhnlichen täglichen Leben ansammeln. Es stärkt die Abwehrkräfte und fördert das Wohlbefinden.

Die Abende in der *Kirche der Stille* sind darauf ausgerichtet, diese Kunst als Weg in die Stille am eigenen Leib und im eigenen Wesen zu erfahren. Theoretische Hintergründe werden gerade nur so weit erklärt, wie es zu gelassener Anwendung nötig ist. Zwischen den Abenden »strömen« die Teilnehmenden regelmäßig zu Hause, sodass ein Erfahrungsweg möglich wird. Der Leiter, Matthias Roth, ist seit 30 Jahren autorisierter Jin Shin Jyutsu-Lehrer und Schüler von Mary Burmeister.

Stimmen nach einem Jin Shin Jyutsu-Abend: *»Die einleitenden Worte des Jin-Shin-Jyutsu-Lehrers wirken erleichternd. Nichts muss geschehen, nichts muss eintreten, sondern die Übung kann so, aber auch ganz anders erlebt werden. Ich muss kein Ziel, keinen Zustand erreichen, ich muss nichts spüren. Es gibt kein richtiges oder falsches Erleben oder Ausführen der Übung. Zugleich wird vermittelt: Es ist etwas Elementares, nichts ist einfacher. Diese Einladung ist befreiend und sehr beruhigend.«*

»Beim Erfühlen von jeweils zwei Körperpunkten spüre ich ein Pulsieren von unterschiedlicher Intensität. Es ist, als würde ich mit meinem Körper Kontakt aufnehmen. In diesem Kontakt komme ich innerlich zur Ruhe. Durch die Berührung nehme ich im Innern eine Verbindung wahr, einen Fluss. Auch wenn ich die Übung gar nicht praktisch ausführe, sondern sie mir nur vorstelle, ist der entstehende Fluss etwas, was mich trägt und hält. Für mich eine Sprache des Körpers, die der Sprache der Religion sehr nahe kommt.«

»Die Kirche ist für mich ein Ort, in dem Stille greifbar ist. Es fällt mir leicht, zur Ruhe zu kommen und die vielen Gedanken, die im Kopf hin und her gehen, in einen ›Warteraum‹ zu setzen. Ich komme in Kontakt zu mir selbst, zu inneren Bildern, die im Alltag keine Chance hätten, gesehen zu werden, die ich aber mit in den Alltag nehmen kann.

Das geschieht für mich am besten beim Jin Shin Jyutsu: Hier kann ich in mich hineinhorchen, aus mir heraus Kraft schöpfen und mir selbst Hilfe für den Alltag geben.«

»Die Kirche der Stille *ist ein Ort, wo ich den Alltag hinter mir lasse. Für mich ist sie ein geschützter Raum, wo ich nicht sein muss, sondern sein kann. Durch Jin Shin Jyutsu fällt es mir leichter, zur Ruhe zu kommen und die Ruhe zu halten. Bei mir zu sein, hören, was mein Körper mir sagt. Zu spüren, wo sich Wärme ausbreitet, wie der Puls sich bemerkbar macht. Es ist spannend zu erleben, was sich im Körper alles tut. Ich bin bei mir und doch nicht allein, ich bin getragen von der Stille der ganzen Gruppe.*

Häufig ströme ich mich im Beruf, z.B. bei Sitzungen, während der Fahrt zur und von der Arbeit. Es verändert meinen Alltag.«

Meditation der vier Himmelsrichtungen

Diese Meditation ist ein dynamisches Körpergebet, das in der Bewegung zur Ruhe kommen lässt. Sie wurde von Dr. Mohammed Jabrane Sebnat, einem Sufi-Meister und Sozialpsychologen aus Marokko, zusammengestellt. In der *Kirche der Stille* wird sie von Ulrike Bringer angeleitet, die seit vielen Jahren diesen Übungsweg der Meditation geht.

In neun Bewegungsphasen sind Elemente aus verschiedenen Traditionen vereint. Die 70-minütige Meditation wird von einer Musik begleitet, die den Charakter einer jeden Phase rhythmisch und melodisch unterstützt. Einfache, sich wiederholende Bewegungen kennzeichnen jede Phase, die vom angeleiteten Rhythmus des Ein- und Ausatmens gestärkt wird. Diese Meditation schult den Atem und ermöglicht innere Reinigung.

Die Bewegungsphasen dauern jeweils sieben Minuten und haben jede ihre eigene Ausrichtung. Die ersten vier Phasen sind jeweils einer Himmelsrichtung gewidmet: Norden (erste Phase), Osten und Westen (zweite Phase) und Süden (dritte Phase). In der vierten Phase werden alle Richtungen miteinander verbunden. Daher trägt die Meditation ihren Namen.

Die fünfte Phase ist dem Derwisch-Tanz ähnlich, denn man dreht sich über die Herzseite um die eigene Achse und verbindet sich mit Himmel und Erde. In der sechsten Phase wird es ganz dynamisch: Es wird auf der Stelle gehüpft, der Boden wird gestampft und gleichzeitig die Arme nach oben bewegt. In der siebten Phase kommt man zur Ruhe, indem man in der »Christushaltung« mit ausgebreiteten Armen steht und den Herzraum öffnet. In der achten Phase zeichnet man mit den Armen in der Unendlichkeitsbewegung eine liegende Acht und verbindet sich mit der Ewigkeit. In der neunten Phase liegt man in Embryohaltung auf dem Boden und lässt die Bewegungen in sich nachklingen.

Die sich rhythmisch wiederholenden Bewegungen sammeln die Aufmerksamkeit im Augenblick. Ich bin ganz in der eigenen Mitte und zugleich im Raum präsent. Die Meditation hilft, in ein Gleichgewicht zu kommen: zwischen Innen und Außen, Geben und Nehmen, Hingabe und Einkehr. Es ist eine sehr kraftvolle, in manchen Phasen auch körperintensive, anstrengende Meditation, die belebend wirken kann.

Jabrane Sebnat sagt: »Meine Methode ist der Weg der Reinigung des Herzens, das Herz zu polieren, damit sich das ganze Universum darin zu spiegeln vermag. Bewege dich, atme und bringe deine Schönheit zum Ausdruck!« (2003, in einem Interview mit Hussein Abdul Fattah/Sufiportal)

Stimmen nach einer Meditation: *»Bereits wenn ich den Raum betrete, das helle Licht, die schönen Blumen, die Ikone sehe und dann eine Kerze anzünde, löst sich etwas in mir. Mittlerweile ist das wie Nach-Hause-Kommen. Ich* *muss immer die Ikone sehen bei der Meditation; vor allem in der Phase, in der ich nur mit geöffneten Armen dastehe – genau wie Maria, ganz offen und auf Empfangen eingestellt.«*

»Für mich steht die Drehung in der fünften Phase im Zentrum der Meditation. Mein Alltag ist so, als würde sich die Welt drehen und drehen und ich laufe ihr ständig hinterher. Hier drehe ich mich um mich selbst, in meinem Tempo, alles Äußere fliegt an mir vorbei. Ich werde ruhig und frei. Ich gewinne meine Freiheit zurück, und das ist das Göttliche für mich.«

»Mein Grübeln hat hier keine Chance. Ich komme vom Kopf in meinen Körper. Die Bewegungen setzen Kräfte frei. Ich gehe kraftvoll und sortiert in den Tag.«

»Ich genieße die Stille am Ende immer mehr. Manchmal bin ich fast enttäuscht, wenn der Gong kommt, ich hätte noch länger in der Stille bleiben können. Ohne die Bewegung zuvor würde ich niemals eine so tiefe Stille erfahren. Der Spruch am Ende, der uns mitgegeben wird, begleitet mich noch länger.«

Soul Motion

Soul Motion (»Bewegung der Seele«) ist ein Körpergebet, ist Meditation im Tanz. Musik verschiedenster Art unterstützt die Bewegungen und fokussiert die Aufmerksamkeit. Jede Tänzerin und jeder Tänzer kann ihre und seine Körperempfindungen, Bewegungsimpulse, Gedanken und Gefühle wachsam beobachten und geschehen lassen – ohne Wertung. Die Tanzenden bewegen sich individuell und auf ihre je eigene Art. Dennoch findet Kontakt statt. Ein wichtiges Element ist, sich von anderen inspirieren zu lassen, deren Bewegungen im Raum wachsam wahrzunehmen und darauf eine eigene Resonanz zu finden. Dies kann auf subtile und indirekte Art geschehen, indem die Tanzenden den Raum um sich herum auf sich wirken lassen, oder auch direkter in einer konkreten Zweierbegegnung im Tanz, wo ein spontaner Dialog aus Bewegungen entstehen kann.

Bewegung und Tanz wird als körperlicher Ausdruck der in uns vorhandenen Lebendigkeit und göttlichen Kraft verstanden. So ist *Soul Motion* mehr ein Weg des inneren Wieder-Findens als eine Suche nach etwas Neuem. Die eigene innere Fülle wird umso erfahrbarer, je mehr die Teilnehmenden lernen, sich absichtslos dem Moment hinzugeben.

Die eigene Lebendigkeit tritt nach außen und verbindet sich mit der göttlichen Präsenz in uns.

Soul Motion wird seit ca. 20 Jahren vom Tänzer, Choreographen und spirituellen Lehrer Vinn Martí (Portland, Oregon) entwickelt. In Deutschland ist Edgar Spieker derzeit der einzige autorisierte Lehrer dieser Methode, der jeden Freitagmorgen *Soul Motion* in der *Kirche der Stille* anbietet.

Ein Freitagvormittag mit Soul Motion. Helles Morgenlicht erfüllt den Kirchraum. Die bunten Glasfenster werfen Farbmuster auf Boden und Wände. 20 Matten liegen in einem weiten Kreis im Raum, laden zum stillen Ankommen ein. Ich nehme auf einer Matte unter dem Kreuz Platz und fühle mich auf ihr wie auf einer Insel: »Für die nächsten 75 Minuten nur für mich sein, einfach sein können«, denke ich und atme durch. Als ich nach einer Weile aufschaue, sind alle Matten besetzt: Männer und Frauen mittleren Alters sind da, manche in farbenfroher Kleidung. Ein schönes Bild. Erstaunlich, mitten am Vormittag finden sie Zeit, in die *Kirche der Stille* zu kommen.

Aus der Stille heraus spricht Edgar Spieker einige Zeilen aus einem Text von Erich Fried: »Dich dich sein lassen, ganz dich. Sehen, dass du nur du bist, wenn du alles bist, was du bist ... das Zarte und das Wilde.« Und ergänzt: »Du bist willkommen mit deiner ganzen Person, mit all deinen Gedanken und Gefühlen, den angenehmen und den unangenehmen. Sie gehören zu dir.« Dann kündet der Gong die zehnminütige Stille an.

Ich lasse mich tiefer nieder auf meinem Platz, die mitgebrachte Anspannung schmilzt: mich sein lassen, so wie ich grad bin – ein bisschen müde, aber irgendwie auch da. Meinen Atem, sogar meinen Herzschlag kann ich spüren. Ich bin dankbar, dass mein Herz schlägt.

Aus der Stille ertönt leise Musik. Während ich noch auf meinem Bänkchen sitze, lasse ich ganz kleine Bewegungen aus mir fließen. Mein Kopf kreist sacht, Arme heben und senken sich, die Hände und Finger tanzen die Musik – es ist wie ein leises Aufwachen meines Körpers. Meine Augen sind noch geschlossen, ich bin bei mir. – »Welche Bewegung will jetzt in dir entstehen? Lass alle Vorstellung, wie sie sein müsste, lass alles Wollen und Bewerten. Sei in deiner Bewegung, ganz präsent im Augenblick. Lass dich ›du‹ sein.« Die Musik wird lebhafter, meine Bewegungen werden größer und lassen mich aufstehen. Ich nehme mehr Raum ein, nehme nun mit geöffneten Augen auch die anderen Tanzenden wahr: bei allen ein behutsames Hinfühlen und Hineinhorchen in den Körper.

Jetzt erklingt eine fröhliche Bach-Musik, sie ist mir vertraut und sie reißt mich mit: Feierlich schreite ich durch den Kirchraum, dann wieder drehe ich Pirouetten, schwinge durch den Raum und begegne anderen Tanzenden, die fröhlich meinen Weg kreuzen. Mit manchen nehme ich tanzend Kontakt auf, und ihre Bewegungen inspirieren mich. Momente leuchten auf, in denen ich ganz freigelassen bin, ohne innere Kontrolle. In ausgelassener Freude tanze ich immer wieder am Kreuz vorbei, mit ausgebreiteten Armen, und feiere innere Auferstehung: Bin tief verbunden, gehalten, zugehörig. Wortlose Augenblicke. Ich schaue mich um und sehe in frohe, offene Gesichter. Lebendigkeit und Lebensfreude sind mit Händen zu greifen, als die Musik verebbt. In der Pause atmen wir hörbar und schnaufend, der Tanz war bewegt.

»Lass Stille deine Tanzpartnerin sein«, lautet die Ansage zur nächsten Musik. Gar nicht erst den Verstand anschalten, meine Bewegung weiß die Stille gleich zu nehmen. Meine Stille ist heute rund und lebendig, hell und weit-räumig. Mit meinen Armen kaum zu umfassen. Im Tanz dehne ich mich immer mehr aus, fliege mit meiner Stille durch den Raum.

Zum Schluss ertönt ein jüdischer Gesang, von tiefen Frauenstimmen gesungen: »Kadosch, Kadosch, Kadosch Adonai Zebaoth« (Heilig, heilig, heilig bist du, Herr Zebaoth). Ich stehe und nehme das Gebet in meine Arme, mein Körper wird von Kadosch erfüllt und zum Tempel. Für einen Moment ist alles heilig, in mir, um mich; alle sind miteinander verbunden; ich sehe, wie sich einer auf den Boden gelegt hat und mit ausgebreiteten Armen sich in den Gebetsgesang bettet. Tiefer Frieden liegt auf seinem Gesicht. Er ist so versunken und merkt erst nach einer Weile, dass wir anderen wieder unsere Matten aufgesucht haben, um in die Stille zurückzukehren. Die ist durchdrungen von Klang und Bewegung: Klang und Stille – Bewegung und Stille sind zu einem Ganzen verschmolzen.

Als der Schlussgong ertönt, gehe ich bewegt, wach und wie gestillt in meinen Vormittag.

Stimmen nach Soul Motion: *»An diesem Ort hier ist die Stille Basis. Auf der Basis von Stille finde ich mich. Ich finde den Rhythmus meines Lebens in der Musik, wie es gerade* *ist. Ich spüre meine Lebendigkeit, habe Kontakt mit den anderen, und das ist ein Geschenk!«*

»Soul Motion ist ein Tanzen der Seele. Und diese Kirche ist für mich ein Ort der Seele. Meine ganze Seele entfaltet sich in diesen Raum hinein, und ich spüre die Größe meiner Seele.«

Das Aramäische Vater-Mutter-Unser

Bekannt und im gottesdienstlichen Gebrauch vertraut ist das Vaterunser in der deutschen Fassung nach Martin Luther. Er hat das Neue Testament aus dem Griechischen übersetzt – so auch dieses zentrale Gebet der Christen (Matthäus 6,9–13).

Dr. Neil Douglas-Klotz hat das Vaterunser neu aus dem Aramäischen übersetzt, der Muttersprache Jesu. Seine Quelle war die Peschitta, eine Übersetzung der Bibel ins Ostaramäische (Syrische) aus dem 5. Jahrhundert. Ihre Anfänge können bis ins 1. Jahrhundert zurückverfolgt werden. Sie wird zum Beispiel in der syrisch-orthodoxen Kirche von Antiochien verwendet. Das Aramäische ist in der Lage, viele verschiedene Schichten von Bedeutungen auszudrücken, z.B. kann das Wort »schem« mit Name, Licht, Klang oder Erfahrung ausgedrückt werden. Das Wort »Abwûn«, das Martin Luther mit »Vater« wiedergegeben hat, kann auch »das Eine«, »Gebärerin« oder »göttlicher Atem« bedeuten. Diese unterschiedlichen Deutungen stellt Neil Douglas-Klotz vor, um zur eigenen Meditation der Jesusworte anzuregen. Außerdem vertont er das Gebet, indem er traditionelle nahöstliche Melodien und Gesangsmethoden verwendet.

Regelmäßig bietet Raaja Hakim Fischer, Musiker und Friedenstanzleiter, diesen Meditationsweg in der *Kirche der Stille* an. Im Zyklus von neun Abenden wird an jedem Abend eine Zeile des Vater-Mutter-Unsers in aramäischer Sprache erlernt, auf eine eingehende Melodie gesungen. Dazu wird in einfachen Schritten um die Mitte getanzt. Die verschiedenen Ausdeutungen einer Zeile klingen und dringen ins tiefere Verständnis ein – jeder Zeile ist ein ganzer Abend gewidmet. Am neunten Abend wird das ganze Gebet als Tanzzyklus gefeiert: Brot und Saft werden während der Bitte um das tägliche Brot geteilt.

Zwischen den Abenden werden die einzelnen Zeilen meditiert und in die Erfahrung des Alltags integriert. Durch das wiederholende, mantrische Singen und Tanzen der immer gleichen Zeile gelangen die Worte vom Kopf ins Herz. Sie gewinnen Tiefe, Kraft und Weite.

Im Folgenden drucken wir die aramäische Zeile ab, darunter die bekannten Worte von Martin Luther, und in der dritten Zeile findet sich eine der möglichen Übersetzungen von Neil Douglas-Klotz aus seinem Buch: »Das Vaterunser, Meditation und Körperübungen zum kosmischen Jesusgebet«.

Abwûn d'bwaschmâja
Vater unser im Himmel.
O Gebärer(in), Vater-Mutter des Kosmos, alles, was sich bewegt, erschaffst Du im Licht.

Nethkâdasch schmach
Dein Name werde geheiligt.
Hilf uns, einen heiligen Atemzug zu atmen, bei dem wir nur Dich fühlen.

Têtê malkuthach
Dein Reich komme.

Lass Deinen Rat unser Leben regieren und unsere Absicht klären für die gemeinsame Schöpfung.

Nehwê tzevjânach aikâna d'bwaschmâja af b'arha
Dein Wille geschehe wie im Himmel so auf Erden.
Lass Himmel und Erde eine neue Schöpfung bilden, indem wir Deine Liebe in der unseren entdecken.

Hawvlân lachma d'sûnkanân jaomâna
Unser tägliches Brot gib uns heute.
Gewähre uns täglich, was wir an Brot und Einsicht brauchen: das Notwendige für den Ruf des wachsenden Lebens.

Waschboklân chaubên (wachtahên) aikâna daf chnân schvoken l'chaijabên
Und vergib uns unsere Schuld, wie auch wir vergeben unseren Schuldigern.
Löse die Stränge der Fehler, die uns binden, wie wir loslassen, was uns bindet an die Schuld anderer.

Wela tachlân l'nesjuna ela patzân min bischa
Und führe uns nicht in Versuchung, sondern erlöse uns von dem Bösen.
Lass oberflächliche Dinge uns nicht irreführen, sondern befreie uns von dem, was uns zurückhält.

Metol dilachie malkutha wahaila wateschbuchta l'ahlâm almîn. Amên
Denn Dein ist das Reich und die Kraft und die Herrlichkeit in Ewigkeit. Amen.
Aus Dir kommt der allwirksame Wille, die lebendige Kraft, zu handeln, das Lied, das alles verschönert und sich von Zeitalter zu Zeitalter erneuert. Amen.

Porträt – die Fragende

Ihr Gang ist leicht, sie ist schmal, und was sie tut, möchte sie genau verstehen. Sie nimmt ihre Umgebung präzise wahr. Computerprogramme und Fotografien sind ihre bevorzugten Formen, die Welt in eine Form zu bringen. Formen, auf die sie stößt, will sie sich erklären können. Wenn es übergriffig und gefühlig wird, fühlt sie sich eingeengt und geht. Aus der evangelischen Kirche, in der sie getauft und konfirmiert wurde, trat sie nach einer Trauerfeier aus, bei der sie sich über den Pastor geärgert hatte. Keine halben Sachen.

Doch das Leben geht weiter. Sie hat mittlerweile eine kleine Tochter. Das Leben verschiebt sich, wenn man ein Kind bekommt, sagt die Mutter. Man wird verletzlicher, instabiler. Glück hängt manchmal an einem dünnen Faden, jede kleine Bindehautentzündung kann für das Kind großen Schmerz bedeuten. Noch einmal anders sucht sie danach und lernt, wo Zuhause ist und wo ein Zufluchtsort. Eines Tages schob sie den Kinderwagen durch den Helenenstieg und sah die Kirche da an der Ecke, sie hatte von dieser stillen Kirche gehört und war neugierig. Einfach für einen Moment hinsetzen, Finger wärmen, auf dieToilette gehen, was man so braucht unterwegs. Der Raum zog sie an. Diese weiße Wand. Dahinter, ja tatsächlich, Stille. Dieser Kirchenraum, der ein Kirchenraum bleibt, auch wenn scheinbar nichts mehr da ist, was in einen Kirchenraum üblicherweise gehört.

Seitdem hat sie fast alle Angebote ausprobiert, Yoga, Zen, Jin Shin Jyutsu, auch mal einen Gottesdienst. Aus der Stille zu schöpfen tut ihr gut, engt sie nicht ein, löst die Verspannnung im Nacken. Das Herzensgebet gefällt ihr am besten. Auch da will sie alles genau wissen. An den Anleitenden schätzt sie die Bereitschaft, sich den Fragen auch auszusetzen. Im Internet recherchiert sie die Gebetstexte und genannten Personen. Wer war eigentlich Nikolaus von der Flüe? »Nimm alles von mir, was mich hindert zu dir; mach mich ganz zu eigen dir« – dies Gebet lernt sie zu beten. Laut oder leise. Ihr Herzenswort wandert mit. Ihr aktuelles möchte sie nicht sagen, das ist ihr Schatz, den sie nicht hergibt. Eines, von dem sie sich trennen musste, nennt sie: »Alles hat seine Zeit.« Das war lange ihrs. Dann benutzte Ole von Beust, der ehemalige erste Bürgermeister Hamburgs, just diese Worte in seiner Rücktrittserklärung. Da legte sich eine Schicht von »profanem Quatsch« auf ihr Wort, und sie musste es gehen lassen.

Ihre Tochter ist mittlerweile sieben Jahre alt und will sich taufen lassen. Sie, die Mutter, wäre zwar aus der Kirche ausgetreten. Verbunden geblieben ist sie irgendwie trotzdem. Wenn der Vater zur Tochter sagt, Gott gebe es nicht, dann »verteidigt« sie Gott. Um der Exaktheit willen, natürlich. Es sei nicht bewiesen, ob es Gott gebe oder nicht, hält sie dem Vater entgegen. Für die Tochter tritt sie dann tatsächlich wieder ein. Mit ihr geht sie in der Friedenskirche in den Kindergottesdienst. Den Pastor dort findet sie angenehm, er trifft einen Ton, den sie haben kann: weltoffen, weit, mehr Fragen als Antworten.

Wenn sie abends vom Herzensgebet kommt, ist ihr nach Singen zumute, auf dem Fahrrad. Die Gemeinschaft mit den Menschen dort ist ihr kostbar. Es gibt einen festen Personenstamm, aber auch immer andere. Wer neu ist, kann früher kommen und wird behutsam eingeführt. Wer länger bleibt, darf noch Fragen stellen.

Manchmal ist ihr alles zu viel. Eigentlich soll die Haltung aus dem Herzensgebet ja in den Alltag hineinragen, nicht nur auf die Zeit in der Kirche beschränkt bleiben. Sie schafft es nicht, täglich zu meditieren, auch wenn sie es gerne würde. Sie weiß, dass sie sich keinen Druck machen soll, im Gegenteil. Das Meditieren will jeden Druck ja gerade nehmen. Will einen Abstand zwischen sie und die vielen Stimmen bringen, die irgendetwas fordern und wollen. Und oft klappt das auch. Sie geht auch auf die Vertiefungstage, danach hält das Gefühl von Ruhe und guter Leere länger an. Immer neu also. Gut, dass es die Kirche der Stille gibt, sagt sie. Wo nichts ist. Und doch immer wieder so viel.

4. Kapitel
»... der du über alle Namen bist.« – Weite

Eine interreligiöse Meditation

»Werde der Mensch, der du bist – Vom Urgrund des Menschen.« So lautet das Thema dieses Abends. Zur einladenden Gruppe gehören ein Shambala-Buddhist, zwei Sufis, eine Frau aus der russisch-orthodoxen Kirche und ich, evangelische Pastorin. Irina leitet den russisch-orthodoxen Chor und kennt viele Lieder aus den verschiedenen Traditionen. Beim Singen finden wir am einfachsten den Weg zueinander. Gleich zu Beginn singen wir ein Nigun, ein Lied aus der chassidischen Tradition, das nur aus Silben besteht, ohne Text: »Jai dai da dai dai da dai.« Die fröhliche, einfache Melodie reißt mit und schafft eine leichte Atmosphäre. Aus dem Vorbereitungsteam gibt es Impulse zum eigenen Menschenbild:

»Werde der Mensch, der du bist, bedeutet für mich, ein weiches Herz zu bekommen. In der Tradition der Sufis sprechen wir von einem Herzen, das so warm und weich ist wie Wolle. Denn »Suf« heißt übersetzt Wolle. Zu lieben, innen mit Gott zu sein und außen mit den Menschen – das ist mein Weg.«

»Meistens denke ich, ich bin, was mir durch den Kopf geht, der Strom von Gedanken und Gefühlen. Und dann gibt es Augenblicke der Gewissheit, dass diese Gedanken nur wie Wellen sind, und darunter liegt eine weite, klare Tiefe. Eine Quelle von Freundlichkeit, Liebe und Sehnsucht nach der

Welt. Ich kann nicht sagen: ›Das bin ich.‹ Ich kann nur sagen: ›Das ist so.‹ Der Weg dahin führt durch die Furcht, sich zu verlieren; in Zuversicht, dass grundlegend alles gut ist.«

»Ich möchte den Satz ›Werde der Mensch, der du bist‹ mit einem Satz aus meiner orthodoxen Tradition ergänzen: »Gott wird Mensch, auf dass der Mensch Gott wird«, von Irinäus von Lyon. Ich bin dem tiefsten Wesen nach göttlich. Gott ist die Essenz von allem, was ist, die Einheit, die Weite und der Raum, aus dem alles sich entfaltet und in dem alles enthalten ist. Mensch zu werden bedeutet für mich, immer mehr in diese Wirklichkeit einzutauchen.«

»Thy light is in all forms« (Dein Licht zeigt sich in allen Formen), dieses Lied aus der Sufi-Tradition singen wir jedes Mal, auch heute. Es scheint mir so passend nach diesen persönlichen Worten, und ich vermute, dass es den anderen auch so geht.

Mit zwei Fragen gehen wir für 15 Minuten in die Stille – wenig Zeit für sehr grundsätzliche Fragen: »Wer bist du in deiner wahren Natur?« und: »In welchen Momenten hast du Zugang zu dem, was dein ursprüngliches Selbst ist?«

Ein Austausch zu zweit – möglichst zwischen Menschen unterschiedlicher Religionen – gehört bei diesen Abenden immer dazu. Fünf Minuten erzählt der eine, die andere hört zu. Beim Klang der Zimbel tauschen die Gesprächspartner. Zunächst ist es noch leise: Sprache zu finden für das, was in der Stille aufgetaucht ist, ist gar nicht so leicht. Dann wird es lebhaft und intensiv, die Menschen sehen einander in die Augen, begegnen sich, werden persönlich erkennbar.

Irina sagt: »Der Weg der Stille aller Religionen führt uns auf den Marktplatz der Welt, führt immer zu den Menschen.« – Auf Zetteln, die in der Kirche verteilt wurden, gibt es nun Sätze aus heiligen Schriften und von Mystikern der verschiedenen Religionen. Zu diesen Stationen »pilgern« wir und lesen sie. Jeder und jede wählt einen Satz aus, Wegzehrung für den Weg nach draußen. In einem Kreis sammeln wir uns wieder, und einige lesen »ihren« Satz vor: »Die Hauptaufgabe des Lebens besteht darin, sich selbst auf die Welt zu bringen« von Lao-Tse. Neben mir liest eine junge Frau: »Du bist deinem natürlichen Wesen nach ein Spiegel der Gottheit, ein Gleichnis der Ewigkeit.« Das ist von Heinrich Seuse, einem christlichen Mystiker aus dem Mittelalter.

Immer wieder höre ich den Satz von Meister Eckhart: »Begib dich in dich selbst so lange, bis du in den Ursprung gelangst. Hier ist Gottes Grund mein Grund und mein Grund Gottes Grund. Gott und ich, wir sind eins.« Ein älterer Mann liest: »Man kann die grundlegende Gutheit in jeder Situation erkennen, in sich selber, in anderen, in der ganzen Welt. Dann beginnt man, das Universum als heilige Welt zu sehen. Wir betrachten jede Erfahrung unseres Lebens als heilig.« Den Namen des buddhistischen Lehrmeisters Chögyam Trungpa Rinpoche vermag er allerdings nicht auszusprechen. Aber seine Worte sind ihm so wichtig, dass er den Zettel sorgfältig in seine Jacke steckt.

Mir fällt auf, dass ein Buddhist einen christlichen Satz vorgelesen hat, eine Sufi ein Wort aus dem Buddhismus – die Menschen haben allein darauf geachtet, was sie heute Abend anspricht, egal, aus welcher Religion dieser Satz stammt.

Wir beenden den Abend mit einem gemeinsam gesungenen orthodoxen Halleluja.

Der Einladung zu Tee und Gebäck folgen viele. Gelöstes Miteinander und neugieriges Einander-Kennenlernen. »Mehr davon!«, sagen viele und freuen sich auf die nächsten Interreligiösen Meditationen in der *Kirche der Stille*. Sie empfinden diese Abende als Weg zum Frieden.

Die *Kirche der Stille* als Gastgeberin

»Ausgehend von unserer christlichen Überzeugung, suchen wir die Begegnung mit anderen Religionen. Wir fördern den interreligiösen Dialog und den Austausch, besonders, um andere religiöse Wege in die Stille kennen zu lernen.« So hat der Kirchenvorstand der Gemeinde Altona-Ost es im »Profil der *Kirche der Stille*« (siehe Anhang) formuliert.

Wir sind zur Gastgeberin geworden für andere religiöse Traditionen in unserem multireligiösen und multikulturellen Stadtteil. Die Weite und Offenheit unseres Profils wird freundlich begrüßt.

Zum Beispiel so: Kurz nach der Eröffnung 2009 kamen auffällig häufig Männer mittleren Alters, in gute Anzüge gekleidet, in die Atempause vor dem Abend. Auffällig war auch, dass für sie weder das Knien auf einer Sitzbank noch das achtsame Gehen um die Mitte schwierig war und dass sie sich sogar beim Betreten und Verlassen der Kirche zum Kreuz hin verbeugten. Bald machten wir uns bekannt: Sie gehören einer Zengruppe für Führungskräfte an, suchen einen Übungsraum, der verlässlich wöchentlich genutzt werden kann. In die *Kirche der Stille* haben sie sich auf den ersten Blick verliebt. Hier wollen sie gern Zen als offene Meditation – nicht nur für Führungskräfte – anbieten. Wir haben uns darauf eingelassen, und die Zusammenarbeit klappt reibungslos. Die Gruppe ist uns ein gern gesehener Gast, gelegentlich veranstalten wir sogar gemeinsame Vorträge.

Zen – Sitzen in Kraft und Stille

Es geht fröhlich und laut zu im Garderobenraum. Anzughosen machen bequemen Meditationshosen Platz, Hemden und Jacketts wandern auf Bügel. Handys werden noch kurz gecheckt und verschwinden mit Krawatten und Socken in den Schließfächern. Eine erstaunliche Verwandlung geht vor meinen Augen vor sich: Einer nach dem anderen taucht wieder auf, gekleidet in dunkle, weite Leinenhosen und Kittel. Viele Männer, einige Frauen.

Einige von ihnen wissen, was zu tun ist: Einer kocht Tee und stellt Teeschalen auf das Tablett, der andere baut im Kirchraum Matten mit Sitzbänkchen davor auf, die Dritte legt grüne Zettel unter jede Matte, ein Holzbrett mit Schlägel wird am Gebetbuchständer aufgehängt, Glöckchen, Schlaghölzer und Klangschalen stehen auf einem Tischchen bereit. Weihrauchstäbchen werden angezündet.

Inzwischen haben sich im Garderobenraum noch mehr Menschen versammelt; viele kennen sich, haben schon ganze Tage zusammen »gesessen«, z.B. im Benediktinerinnenkloster auf der Fraueninsel. Andere sind neu – wie ich. Wir werden freundlich begrüßt. Man wirft locker das Geld für den Abend in eine Pappschachtel, zwanglos auch das. Einer der Leitenden stellt sich auf, alles wird ruhig. Wir Neuen werden hier im Garderobenraum in die Abläufe, die uns erwarten, eingeführt. Die anderen gehen »in Form« mit dem zweiten Leiter in die Kirche. In zügigen Barfußschritten und mit einigen Verbeugungen gehen sie zu ihren Plätzen und beginnen zu meditieren.

Zen ist ein Weg, der zu Gelassenheit führt, zur Fähigkeit, loszulassen, und zur Konzentration auf das Wesentliche. Wir erfahren an diesem Abend etwas vom Daishin Zen, das aus Japan kommt und in unsere europäische Situation übertragen ist. Wir hören, dass die Form dabei ganz wichtig ist: Hinsetzen immer mit dem linken Fuß zuerst, beim Sitzen kommt es genau auf die Handhaltung an, Aufstehen auch mit links zuerst, und wie man geht und wie man sich dann wieder setzt. Mir schwirrt der Kopf, den anderen vermutlich auch. Aber wir sollen das locker sehen, immer nur tun, was die anderen tun. Zen ist Übung, irgendwann tut auch das Sitzen nicht mehr weh …

Der Leiter spricht vom »Hara«, dem Kraftzentrum im Bauchraum, da sollen die Hände liegen. Ganz ruhig sitzen, nicht bewegen und immer nur atmen, das Hirn ins Hara versenken, wenn die Gedanken im Kopf nicht zur Ruhe kommen wollen.

Dann geht es endlich los in den Kirchraum. Doch schon haben wir Neuen alles vergessen und gehen verkehrt: Innen an den Matten entlang hätte es gehen müssen! Macht nichts, die bereits Meditierenden sitzen ganz ruhig da. Sie kennen das schon, sie waren ja selbst mal neu. Das Glöckchen tönt, und alle sitzen da. Wirklich ganz still, keine Bewegung, kein Rascheln, nur Atmen.

Der Abend ist überraschend kurzweilig. Einmal wird ein Holzbrett geschlagen, sehr angenehm, dieser Klang. Unbeirrt sitzen wir weiter still da, rechts und links von mir werden die Atemzüge immer tiefer.

Dann stehen wir auf zum »Kinhin«, der Meditation im Gehen. Der Leiter schlägt zwei Hölzchen im Rhythmus, der uns anzeigt, wann der nächste Schritt kommt – es gilt, achtsam zu sein nur auf diesen einen Schritt. Der Takt verändert sich, man muss genau hinhören.

Später nehmen alle geordnet das grüne Rezitationsblatt in die Hand und fangen an zu rezitieren. Ich bin hingerissen vom monotonen Gesang eines Textes, der wohl auf Japanisch ist. Beim zweiten Mal mache ich mit.

Nach einer weiteren Sitzzeit wird die Teezeremonie eingeläutet. Wir holen – wieder in geordneter Reihenfolge – unsere Teeschale, die hinter der Matte aufgestellt ist, verbeugen uns und heben die Schale zum Einschenken hoch. In vier Schlucken trinken wir: für Respekt, Toleranz, Harmonie und Stille. Das Schlucken ist zu hören, der Tee tut gut – ein bisschen wie Abendmahl, denke ich, doch schon läutet das Glöckchen für die letzte stille Zeit. Ich bin ruhig, hellwach und präsent. Was hatte der Leiter noch in der Einführung gesagt? Zen führt dich zum Wesentlichen, zu deinem Wesen, wenn du ganz anwesend bist. Bei mir fühlt sich das so an.

Rhythmen bei den Sufis – ein Daf-Workshop

Alle sitzen im Stuhlkreis um das Oktogon. Jeder hat eine persische Rahmentrommel auf dem Schoß, eine Daf. »Sie ist wie dein Herz, das du liebevoll in der Hand hältst«, sagt Eva, die den monatlichen Workshop leitet. Es ist nicht einfach ein Trommel-Workshop. Es geht um mehr: »den Weg zum Herzen zu finden, um darin Gott und meinem wahren Selbst zu begegnen.«

Nachdem sie uns gezeigt hat, wie wir die Daf halten und schlagen, beginnt sie mit einem uralten Rhythmus: »Hu – Hagh«, spricht sie dazu. »Er – Wahrheit«, einer der vielen Namen Gottes. Wir nehmen den Rhythmus auf. Eine ganze Weile, nur diesen Rhythmus – von allen in der Gruppe gleichmäßig geschlagen. Variationen werden angeboten; wer mag, folgt ihnen. Ich werde immer ruhiger, es ist wie ruhiges Schlagen meines Herzens. Nach dem Spiel horchen wir nur dem Klang hinterher.

Eva erklärt, dass der Sufi-Meister Dr. Azmayesh diese uralten Rhythmen weitergibt. Sie stammen aus vorislamischer Zeit, sind urmenschheitliche Rhythmen. Sie »öffnen den Kanal zwischen Kopf und Herz, sodass sich das Herz für tiefere spirituelle Wirklichkeiten des Lebens öffnet«. Ein neuer Rhythmus bewegt die Gruppe, dazu ein Lied: »Hu madady – Hagh madady« (Er hilft – die Wahrheit hilft). Worte, Melodie und Rhythmus – ganz einfach, aber mit tiefer Kraft. Wieder Stille danach.

720 Rhythmen haben Sufi-Meister im 13. Jahrhundert in den Regionen des heutigen Syrien, Irak, Aserbaidschan und Iran gesammelt. Jeder Rhythmus, sagen sie, gibt einen der vielen Namen Gottes wieder. Rumi, Hafiz und andere Sufi-Dichter haben ihre religiöse Dichtung auf diesen Rhythmen verfasst. Eine Strophe eines Rumi-Gedichtes lernen wir heute, in Farsi, dazu eine einfache Melodie und einen Rhythmus, den wir schon kennen.

Ich denke an Mirjam aus der Bibel; auch sie hat die Rahmentrommel geschlagen beim Durchzug der Kinder Israels durch das Schilfmeer (2. Mose 15,20).

Ob es ähnliche Rhythmen waren wie diese hier? Sufis beziehen sich auf Mose, Jesus und Mohammed. Sie betrachten alle drei als weise Meister, die in das Geheimnis der Rhythmen und ihre Schwingungen eingeweiht waren. Sie sprechen nicht von Religion, sondern von einem »spirituellen Pfad zum Herzen«, den Menschen aller Religionen gehen können. Ich bin dankbar, dass ich von der Weisheit und Herzenskraft der Sufis lernen darf. Mit meinem Weg des Herzensgebets fühle ich mich gar nicht so weit entfernt.

Ein Tag mit Pater Dr. Sebastian Painadath SJ

Klein und sehr bescheiden tritt er auf, mit viel Humor und gleichzeitig mit großem Ernst. Sebastian Painadath ist Jesuitenpater in Südindien. Er hat in Tübingen katholische Theologie studiert und spricht ein perfektes Deutsch. 1986 gründete er in Kalaby einen Ashram, der zu einem Dialog-

Die Christophoruskirche ist eine von drei Kirchen der Gemeinde Altona-Ost. Seit dem 1. März 2009 wird sie als *Kirche der Stille* genutzt.

Mit den Schuhen bleibt auch ein Stück Alltag im Vorraum zurück. Dicke Socken können selbstverständlich ausgeliehen werden.

Mit Kindern in die Stille: Kindertagesstätten und Schulen nutzen die Angebote der Gemeinde.

Versammelt um die Mitte: Das Oktogon im Boden
ist ein urchristliches Symbol für Neuschöpfung, Taufe und
Heilung.

Im Labyrinth zur Mitte kommen – mit Kindern die Adventszeit feiern.

Soul Motion – aus der Stille heraus sich bewegen und tanzen und wieder zurück in die Stille finden.

Das Vaterunser wird in der aramäischen Muttersprache Jesu gesungen und getanzt.

Die Ikone vom nicht verbrennenden Dornbusch: In der *Kirche der Stille* begegnen sich Menschen verschiedener Religionen und Konfessionen und lernen, singen, beten und schweigen miteinander.

zentrum zwischen den Religionen geworden ist. Darum haben wir ihn eingeladen: Aus eigener Erfahrung denkt er mit uns über die Bedeutung des interreligiösen Dialogs nach.

Immer wieder während des Tages spricht Pater Painadath diese Sätze: »Wir leben in einer begnadeten Zeit, in einem neuen Zeitalter der Menschheitsgeschichte. Der Geist reißt Mauern nieder.« Durch die globale Vernetzung treten Menschen der verschiedenen Kulturen und Religionen intensiv miteinander in Kontakt. Über die Grenzen hinweg tauschen Menschen sich aus, Kulturen begegnen einander selbstverständlicher, Reisen und internationale Kooperationen gehören zum Alltag nicht nur in Wirtschaft und Politik.

Die Welt wird zu einem globalen Dorf. Mit seiner positiven Sicht des Weltgeschehens begeistert er viele Teilnehmende.

In der heutigen Zeit, beschreibt Painadath, finden Menschen scheinbar keinen Sinn und Halt mehr in traditionellen Formen des Glaubens. Andererseits sehnen sie sich danach, Gott unmittelbar zu erfahren. Wir leben in einem mystischen Zeitalter. Viele Menschen machen sich auf die Suche nach dem göttlichen Geheimnis. »Ein mystischer Wind weht heute auf der Erde«, sagt Painadath, dieser Wind führt oft über die eigene Religion hinaus zur breiten Landschaft der Weltreligionen.

Dabei entdecken Menschen, dass in der Vielfalt der Religionen eine spirituelle Einheit vorhanden ist. Denn alle Religionen sind letztlich aus dem einen göttlichen Ursprung entstanden. Sie treffen sich in der Tiefe der mystischen Einheitserfahrung. »Der eine Gott teilt sich mit in der globalen Familie der Menschheit. Der eine göttliche Geist waltet in den Herzen aller Menschen, und die eine göttliche Liebe verbindet sie alle.«

Für Pater Painadath bedeutet das nicht, dass die Religionen verschwinden oder sich nur auf das Innere beschränken werden. Religion ist der raum- und zeitbedingte Ausdruck der Spiritualität, die in Gemeinschaft, mit Symbolen und im Kult gelebt werden will. »Der religiöse Mensch der Zukunft wird ein interreligiöser Mensch sein: tief verwurzelt im eigenen Glauben, wendet er sich Menschen anderer Religionen zu, um von ihnen bereichert zu werden.«

Pater Painadath scheint Worte zu finden, die für den spirituellen Weg von vielen passen, die in die *Kirche der Stille* kommen. So schreibt mir eine Teilnehmerin später: »*Die Vorträge von Painadath haben mich berührt und fasziniert. Die Wege, die er beschreibt, habe auch ich durchlaufen – und durchlaufe sie immer wieder neu. Ich habe mich mit den Sufis in den Urgrund getanzt, mit den Hindus mich im Gesang zu Gott erhoben und mit den Buddhisten ihre Psychologie und Philosophie bis an den Rand gedacht und erfahren – um dann in der Heimat meiner christlichen Wurzeln im Lesen der Bibel, in der Stille und in Ritualen das ›Du in mir‹ und ›Ich in Dir‹ zu finden. Welchen Weg ich auch gegangen bin … was bleibt, ist die Liebe und Verbundenheit in Gott mit allen Menschen aller Religionen. Daraus erwächst alles und kehrt dahin zurück. Dass ich das alles so erfahren durfte, verdanke ich Menschen wie Pater Painadath.*«

Auch mir geht es so: Ich bin durch die Begegnungen mit Menschen anderer religiöser Traditionen bereichert und beschenkt. Es hat sich etwas in mir geweitet. Mit großem Respekt begegnen mir diese Menschen als Christin und als Pastorin, mit Dank für die Möglichkeit des offenen Dialogs in der *Kirche der Stille*. Mein eigener spiritueller Weg im Herzensgebet hat sich durch diese Begegnungen vertieft. Es gibt Ähnlichkeiten im Weg der Stille, die es ermöglichen, eine Sprache zu finden, in der wir uns verständigen können. Es gibt Unterschiede, die mit Interesse und gegenseitigem Zuhören wahrgenommen werden.

Porträt – der Sufi

Der Mann ist Anfang 60. Das Lächeln aus seinen Augen fühlt sich jünger an. Seit drei Jahren nimmt er an interreligiösen Meditationen in der *Kirche der Stille* teil. Er geht seit Jahren den stillen Weg der Sufis.

Er erzählt gerade und direkt: Sein Großvater musste unter den Nazis als Kommunist ins KZ Fuhlsbüttel. Er war Hafenarbeiter und wurde erwischt, als er Zwangsarbeiter mit Lebensmitteln versorgt hat. Der Enkel wollte später für die DKP in die Hamburgische Bürgerschaft, was nicht gelang. In den Siebzigerjahren hat er dann als Westdeutscher in Ostberlin Gesellschaftswissenschaften studiert. An viel erinnert er sich nicht von diesen Zeiten, der dialektische Materialismus langweilte ihn dann doch. Geblieben bis heute ist ihm ein Satz von Friedrich Engels, sinngemäß: Ohne Leben gibt es keinen Tod und ohne Tod kein Leben.

Die real existierende DDR war nicht, was er sich erhofft hatte. Sinnkrise, Sinnsuche, Reisen. Im Flugzeug Richtung Arizona/USA erlebt er seine erste Gotteserfahrung, erzählt er. Er guckt mich an, direkt und scheu zugleich, und spricht es einfach aus: Ich wusste, da ist Gott. In Arizona blieb er dann für eine Gestalttherapieausbildung.

Zurück in Hamburg, nahm ihn mehr zufällig eine Freundin mit zu der Sufilehrerin Irina Tweedie. Alle hätten da von Gott gesprochen, erinnert er sich. Den gibt es doch gar nicht!, hätte er am liebsten – trotz seiner Flugzeugerfahrung – geschrien. Oder hat es sogar getan. Die Sufilehrerin jedenfalls hat ihn angelächelt. Er wollte da nie wieder hin. Und hat es doch gemacht.

Mittlerweile bezeichnet er sich als Sufi. Ich lerne, dass überall auf der Welt der Donnerstag der Tag des Sufikultes ist. »Wie unser Sonntag?«, frage ich. Ja, irgendwie so. Nur stiller.

Er mag die *Kirche der Stille*. Wenige Wochen nach der Eröffnung ist er einfach einmal hineingegangen, weil er im Stadtviertel unterwegs war. Danach ist er immer öfter gekommen. Vor allem die Meditation in der Offenen Kirche ist seine Form. Tagsüber, allein oder mit anderen im Raum. Er liebt die Architektur und die Energie des Ortes. Sie schafft für ihn die Möglichkeit, im Kopf frei zu sein.

Buddhisten, Christen, Sufis, Orthodoxe – er trifft sie dort. Eine kleine Gruppe bereitet regelmäßig eine interreligiöse Meditation vor. Diese Meditationszeiten berühren ihn. Was es dafür brauche, dass alle so friedlich miteinander sein können? »Die Liebe zu Gott«, sagt er ohne Zögern. Die Liebe zu Gott, die ist die Grundlage. Zu viele Erwartungen aneinander machen eng. Die Liebe zu Gott mache weit.

Er geht auch manchmal in die anderen Kirchen. Aber das, was ihn am Christentum fasziniert, das findet er in der *Kirche der Stille* am besten aufgehoben. Er mag Mystik, liebt die christlichen Mystikerinnen. Gott in uns selbst. Versenkung in der Stille, in Gott. Und von dort aus dann die Liebe zum Nächsten. Institutionelles Christentum interessiert ihn im Kern nicht. Diakonie und Caritas sind hilfreich, ja. Er hat Erfahrung mit sozialer Arbeit unter kirchlichem Dach. Aber Mystik, das ist die Überlebenschance des Christentums. Jesus war Mystiker, da ist er sicher.

In einer Ecke seiner stillen, ordentlichen, leeren Wohnung liegt ein honigmelonengroßer Amethyst. Den hatte er auf einem Basar gesehen, 600 Euro sollte er kosten, das konnte er nicht bezahlen. Im Advent war das. Und kurz vor Weihnachten sei die Frau gekommen, die den Stein verkaufen wollte. Sie hat ihn ihm geschenkt. Einfach so. Er lacht. Menschen tun Dinge, wenn man sie nicht bittet, sondern ihnen Raum lässt. Für ihn ist die *Kirche der Stille* ein Ort, der seinem Glauben weiten Raum lässt.

5. Kapitel
Das Geschenk der Verlässlichkeit – Rhythmus

Rhythmus als heilsame Lebenskraft

Ein wiederkehrender Rhythmus, der verlässlich und gut zu merken ist, das war uns wichtig, als wir das Programm planten. Der Rhythmus schenkt auch uns Verantwortlichen einen klaren Ablauf in der alltäglichen Organisation der Kirche und erspart viel Planen, Absprechen und Bewerben. Und: Er prägt sich bei den Menschen ein, sie müssen sich nicht alles in den Kalender schreiben.

In unserem Profil (vgl. S. 164 ff.) heißt es: »Rhythmus liegt allem Leben und allem Lebendigen zu Grunde. Wir erfahren ihn im Ein- und Ausatmen, im Schlagen unseres Herzens oder in dem Wechsel von Schlafen und Wachen. So ist alles Leben, jede noch so kleine Zellaktivität über den großen Jahreszyklus in der Natur bis zum Lauf der Sterne und der Erde im Weltall rhythmisch geordnet. Auch unser Alltag wird tiefer und reicher erlebt, wenn es uns gelingt – gegen alle Hektik, gegen allen Stress und Zeitdruck –, einen Wechsel von Aktivität und schöpferischer Pause zu gestalten.

Die *Kirche der Stille* unterstützt diesen Weg, indem sie zum einen offener Raum ist und zum anderen wiederkehrende Angebote macht. Wer seinen Alltag unterbricht und einen Raum betritt, in dem geschwiegen wird, kann dies als heilsamen Rhythmus erleben.«

Dieser Rhythmus findet sich in einer verlässlichen Tages-, Wochen- und Monatsstruktur wieder.

So findet zum Beispiel an jedem Dienstagabend Zen statt, an jedem Donnerstagabend die Meditation mit dem Herzensgebet. An allen Abendmeditationen kann man teilnehmen, ohne sich anzumelden.

Ebenso wiederholen sich Angebote im Rhythmus eines Monats wie zum Beispiel das Friedensgebet am ersten Freitag, das Offene Singen am zweiten Sonntag oder der Gottesdienst am zweiten und vierten Sonntag. Auch die Feste des Kirchenjahres geben Rhythmen vor:

Verlässlich feiern wir die Oster- und die Silvesternacht, und immer begehen wir die Zwölf Heiligen Nächte vom 26. Dezember bis zum 6. Januar.

Atempause vor dem Abend

Dienstag, 18 Uhr. Die Klangschale ertönt. Acht Menschen sitzen heute um das Oktogon der Kirche. Einige kenne ich, weil sie regelmäßig kommen, zwei sind heute zum ersten Mal da. Der Klangschalenton verebbt, ich spreche ein Gebet:

»Diese Zeit nehme ich mir jetzt für dich, mein Gott,
ich schenke sie dir und damit meine Liebe und Hingabe an dich.
Diese Zeit nehme ich mir jetzt für mich,
ich schenke sie mir und feiere das Geschenk meines Lebens.
Was heute war und wie es war, sammele ich ein und lege es vor dir ab.
Der rote Faden deiner Liebesgeschichte mit mir hat sich auch durch diesen Tag gezogen. Ich halte dir dankbar mein Herz hin.
Ganz und gar lasse ich mich auf meinem Platz nieder,
um von deiner Gegenwart berührt zu werden.
Wach und präsent nehme ich wahr, wie ich sicher und geborgen hier sitze,

wie ich vom festen Grund getragen bin.
Ich folge dem Fluss meines Atems und weiß mich verbunden – mit mir selbst, mit dir, mein Schöpfer, mit allem in der Nähe und in der Ferne.
Ich staune über das Wunder meiner Verbundenheit und heb in den Himmel mein Gesicht. Lass leuchten dein Antlitz über uns.
Lass Strahlen deiner Güte uns durchleuchten und verwandeln.
Denn bei dir ist die Quelle des Lebens, und in deinem Licht sehen wir das Licht.
Amen.«

Die Klangschale tönt zehn Minuten Stille ein und beendet sie wieder. Manche verbeugen sich und legen die Stirn auf den Boden. Ich lade zum achtsamen Gehen ein, eine Frau bleibt lieber sitzen. Wir gehen in maßvollem Schritt, nicht zu langsam, zwei Runden um die Mitte, vertiefen die Stille im Gehen. Wir nehmen wieder Platz für weitere zehn Minuten stilles Dasein. Diese Zeit ist in der Regel tiefer, stiller als die erste Zeit. Ich spüre, wie Ruhe einkehrt, Anspannung sich löst und etwas Friedvolles sich ausbreitet. Ein Segen zum Schluss beendet die Atempause vor dem Abend.

Einige zünden noch eine Kerze an. Man verabschiedet sich im Garderobenraum voneinander, manche wollen noch etwas loswerden oder fragen. Ich begrüße die Neuen, freue mich, dass sie da sind.

Die »Atempause vor dem Abend« gibt es montags bis freitags von 18 bis 18.30 Uhr. Ein kleines Team ermöglicht verlässlich diese Regelmäßigkeit – eine kleine Form, die auch davon lebt, dass sie an jedem Werktag stattfindet, unabhängig davon, wie viele Menschen dabei sind.

Für manche ist es der Einstieg in die Meditation. Eine halbe Stunde stilles Sitzen traut man sich eher zu als einen ganzen Abend. Für andere ist es eine heilsame Unterbrechung ihrer Arbeit. Sie kommen direkt vom Arbeitsplatz, verstauen die Aktentasche im Schließfach und beginnen mit der Atempause ihren Abend.

Diese verlässliche Zeit, dieser Rhythmus um 18 Uhr ist ein Geschenk – auch für mich. Es braucht nicht viel Vorbereitung, gelegentlich lese ich einen Text, ein anderes Mal gebe ich ein mitgebrachtes oder ein spontanes Gebet hinein. Inspiration finde ich in der Bibel, in Texten der alten Kirche, bei Mystikerinnen und Mystikern oder auch im Gesangbuch.

Friedensgebet für die eine Welt

»O signore, fa di me un instrumento della tua pace …« (O Herr, mache mich zum Werkzeug deines Friedens). Mit diesem Gesang von der CD »Cantiones sacrae, Sacred Songs in many harmonies for singing in Community« werden die Menschen an jedem ersten Freitag im Monat um 18 Uhr empfangen – immer gleich. Die Musik stimmt sie ins Friedensgebet ein. Die Worte werden dem heiligen Franz von Assisi zugeschrieben. Danach hören wir ein Gebet des Philosophen Plotin (ca. 202–270), auch immer gleich:

Von jeder Arglist und Geschäftigkeit befreit,
möge meine Seele sich im Schweigen sammeln
und sich in die Betrachtung des Göttlichen versenken.
Beruhigt sei mein Leib in dieser Stunde,
befriedet sei der Kampf der Welt.
Göttlicher Friede senke sich auf alles – nah und fern.
Friede und Stille senke sich auf Erde, Luft und Meer –
so wie der Himmel selbst Friede ist.
Möge meine so gestillte Seele erfahren,

wie sich der göttliche Geist in die schweigenden Himmel ergießt!
Möge der Friede und das Licht der Gottheit
meine Seele erfüllen und mich erleuchten.

Ein paar Worte führen zum Friedensgebet hin, das sich in mehreren Kreisen vollzieht:

- Bitte um Schalom für dein Leben.
- Bitte um Schalom für deine Familie.
- Bitte um Schalom für Freunde und Freundinnen, für die, die dich im Alltag begleiten.
- Bitte um Schalom für die, die dir das Leben schwer gemacht haben oder zurzeit schwer machen.
- Bitte um Schalom für Menschen und Orte in dieser einen Welt, die Gottes Schalom besonders brauchen.

Nach jeder Bitte ist für ein paar Minuten Zeit für ein persönliches Gebet. Die Zimbel läutet die nächste Bitte ein. Viele Gebete sind im Raum. Sie legen Spuren zu den Menschen, für die in Dank und mit Kummer oder Sorge gebetet wird.

Wir schließen ab mit einem gemeinsamen Gebet nach Franz von Assisi:

Herr, mache mich zum Werkzeug deines Friedens:
dass ich Liebe wage, wo man sich hasst,
dass ich verzeihe, wo man sich beleidigt,
dass ich schlichte, wo Streit ist,
dass ich die Wahrheit sage, wo Irrtum herrscht,
dass ich Hoffnung wecke, wo Verzweiflung quält,
dass ich dein Licht entzünde, wo Finsternis regiert,
dass ich Freude bringe, wo Kummer wohnt.
Gott, lass mich das Geheimnis deines Friedens erfahren,

dass ich getröstet werde, wenn ich tröste,
dass ich verstanden werde, wenn ich verstehe,
dass ich geliebt werde, wenn ich liebe.
Denn es ist
im Geben, dass wir empfangen,
im Verzeihen, dass uns verziehen wird,
im Sterben, dass wir in das ewige Leben geboren werden.

Wer mag, kann nun aufstehen und den Gesang »O signore …« mit einer einfachen Gebetsgebärde begleiten. Musik und Gebärde berühren und stärken. Ein Segen entlässt die Menschen in ihr Wochenende.

Rhythmus als Hilfe auf dem spirituellen Weg

Der Grundgedanke ist einfach: Jede Freundschaft lebt davon, dass die Beziehung gepflegt wird durch regelmäßiges Sehen und Voneinander-Hören. So ist es auch in unserer Beziehung mit Gott. Darum ist Rhythmus eine wesentliche Säule des Profils der *Kirche der Stille*. Mit unserem Programm wollen wir Menschen einen Raum eröffnen, in dem sie ihren eigenen spirituellen Weg wählen, ihn üben und sich darin vertiefen können. Die verschiedenen Wege der Stille stammen aus alten Traditionen. Insofern schließen sich die Menschen lang erprobten Wegen an, wenn sie ihren persönlichen Weg suchen und gehen.

Die Kirche kann so zu einem Ort werden, an dem Menschen sich in eine Praxis des Glaubens regelmäßig einüben: in einer Gemeinschaft mit anderen und mit erfahrenen Leitungspersonen, die für Gespräche zur Verfügung stehen.

Wir ermutigen die Teilnehmenden dazu, erst mal bei einem Weg zu bleiben und sich in ihm zu vertiefen – allein in der Meditation zu Hause und in der Gemeinschaft der Gruppe.

Wir ermutigen außerdem dazu, dass die Menschen sich sozusagen mit sich selbst verabreden und Verbindlichkeit einüben: Es hat sich bewährt, täglich eine regelmäßige Zeit, einen verlässlichen Ort und einen immer wiederkehrenden Ablauf für die 20- bis 30-minütige Meditation zu haben. Manche beginnen mit einer Körpergebärde, manche mit Luthers Morgensegen, manche lesen ein paar Verse aus der Bibel oder beginnen ohne weiteres Ritual ihr stilles Sitzen. Der verlässliche Rhythmus entlastet davon, immer wieder neu zu entscheiden, ob ich heute meditiere, wann ich das und wo ich das tun will. Meditation erfordert also Disziplin. Viele erfahren aber schon bald »Früchte« des Sitzens: Unmerklich verändert sich etwas in ihrem Alltag, verändert sich ihre Beziehung zu Gott, zu sich selbst und anderen.

Ein Beispiel: *»Manchmal spür ich, dass Gott um mich ist. Dann kann ich mich ganz im Vertrauen niederlassen, und ich weiß mich in großer Liebe geborgen«*, erzählt mir ein Mann in einem Gespräch, in dem er mich um geistliche Begleitung bittet. *»Zurzeit jedoch halte ich es kaum aus: Ich sitze und sitze, und es geschieht nichts. Wie Wüste, öde und leer. Darum habe ich jetzt auch ein paar Morgende nicht gesessen. Ich zweifle, ob ich auf dem richtigen Weg bin!«* Ich ermutige ihn, das Sitzen wieder aufzunehmen und sich an den gewohnten Rhythmus von Zeit und Ort anzulehnen. Der Weg führt immer wieder durch Wüstenzeiten. Sind nicht auch die Psalmen voll von der Beschreibung solcher Dürrephasen? »Mein Gott, ich rufe bei Tag, doch du gibst keine Antwort; ich rufe bei Nacht und finde doch keine Ruhe.« (Psalm 22,3)

Das regelmäßige Meditieren garantiert spirituelle Erfahrungen nicht, sie sind auch nicht für immer festzuhalten. Die biblischen Geschichten erzählen auch von den Bedürfnissen der Menschen, zu halten und zu bleiben. Von Petrus zum Beispiel heißt es im Matthäusevangelium: »Jesus, hier ist es gut sein, lass uns Hütten bauen!« (Matthäus 17,4) In der geschilderten Szene sieht Petrus, wie Jesus oben auf dem Berg Tabor ganz erleuchtet ist. Vielleicht hat Petrus das starke Gefühl, dass es gerade jetzt alles sehr gut ist, wie es ist. Diesen Moment will er festhalten.

Aus meiner Praxis kann ich nur sagen: Wie Gott sich wem zeigt und ob und was in der Stille geschieht, bleibt Gnade – unverfügbar. In begleitenden Gesprächen geht es immer wieder darum, wie diese Spannung auszuhalten ist zwischen dem (manchmal leeren und gedankenverlorenen) Üben und der Gnade des Berührtwerdens, dem Geschenk göttlicher Präsenz; der Spannung, voller Hoffnung und Zuversicht auf Gott hin ausgerichtet zu sein und gleichzeitig absichtslos, ohne jede Erwartung einfach da zu sein.

Porträt – die Suchende

Irgendetwas sucht man immer«, sagt sie. Manche Leute hätten nur Angst, das zuzugeben. Sie ist seit Anfang der Achtzigerjahre intensiver auf der spirituellen Suche. Die *Kirche der Stille* ist ihr bei dieser Suche in den Weg gekommen. Schon als umgebaut wurde, ist sie ihr aufgefallen. »Kirchlein«, sagt sie, »Kirchlein in der Stadt, die werden doch praktisch nie richtig umgebaut. Höchstens zugemacht.« Sie hat Freundinnen besucht im Nyegaard-Stift nebenan, und da konnte sie den Umbau beobachten. Bei der Einführung im März 2009 hat sie schon mit um die Kirche getanzt. Seitdem geht sie regelmäßig hin.

Am liebsten ist ihr die Atempause. Jeden Wochentag, Montag bis Freitag, 18 Uhr. Wenn sie kann, geht sie hin. Struktur ist ihr wichtig. Sie hat seit Längerem keine feste Arbeit. Ist unter anderem gelernte Speditionskauffrau und ausgebildete Altenpflegerin. Pflege ist ein Knochenjob – das gibt ihre Kraft nicht mehr her. Die Zustände in den Heimen, die sie gesehen hat, findet sie unerträglich. Und mit Computern hat sie es nicht so. Eher mit Menschen. Aber sie hat erlebt, dass Jüngere eingestellt wurden. Und Zeitarbeit ist mühselig, kaum ist man drin, muss man wieder gehen, meistens schon vorher.

Die Atempause ist für sie immer wichtiger geworden. Begrüßung, Impuls, Stille, dann achtsames Gehen und wieder Stille. Ein Segen am Ende. Hinterher noch etwas Klönen, in ein paar Gesichter sehen, und dann mit gutem Gefühl in den Abend gehen. Das tut ihr gut. Sie mag auch, dass die Pastorin an diesen Abenden in normaler Kleidung ist, eine von ihnen eben.

Wer sagt, die *Kirche der Stille* sei »eso«, der kenne sich bei Esoterik nicht aus. Sie kennt sich aus. Sie habe sich umgeguckt in den vergangenen 30 Jahren, sie wisse, wovon sie spreche. Sie hatte auch buddhistische Lehrerinnen. Deutsche Frauen, die selber tibetische Lehrer gehabt haben. Frauen, die deren Lehre in unsere Kultur tragen. Die für die buddhistischen Lehren Bilder gefunden hätten, sodass »die in unsere westlichen Gehirne« passen.

Sie selber hätte in diesen Jahren erst richtig gemerkt, wie fest sie im Christentum verwurzelt sei. Eines Tages sei ihr klar geworden, dass sie keine Lehrerinnen mehr haben wollte, keine Vermittlerinnen. Die Pastorin in der *Kirche der Stille* und die Menschen, die sie dort trifft, sind »Mit-Gehende« für sie. Die *Kirche der Stille* ist für sie ein idealer Ort, um Gebet, Kommunikation, Gemeinschaft, tiefe religiöse Gefühle zu leben.

Obwohl sie sagt, sie wolle keine Lehrerinnen mehr, findet sie Vermittlung wichtig. Vermittlung von biblischen Texten und theologischen Gedanken. Das Alte Testament sagt ihr nicht so viel, wenn sie es einfach für sich liest, das Neue schon eher. Aber sie ist neugierig auf Impulse, auf Verbindungen hin zur Gedankenwelt der Bibel. Davon könnte sie auch in der *Kirche der Stille* gerne noch mehr haben. Und sie liebt das Treibholzkreuz, es könnte sogar noch größer sein, noch etwas höher ragen.

Wenn sie die Kirche beschreiben sollte?

»Interreligiös-kontemplativ-evangelisch-lutherisch.« – Doch, das geht.

6. Kapitel
Vom Staunen – Stille mit Kindern und Jugendlichen

Erfahrungen mit Kindern

Die vierte Klasse einer benachbarten Grundschule steht vor der Tür. 23 Jungen und Mädchen stürmen in den Turmraum der Kirche. Hände plantschen im Brunnen, Jacken und Ranzen sind verstreut, erstaunte Ausrufe: »Wir sind doch nicht in einer Moschee!«, als wir sie bitten, die Schuhe auszuziehen. Auch im Garderobenraum geht es laut und chaotisch zu.

Wir begrüßen: »Ihr seid hier in der *Kirche der Stille*, einer evangelischen Kirche besonderer Art. Um zu entdecken, was man in diesem Raum erleben kann, dafür seid ihr heute hier.«

Die Kinder gehen – möglichst schweigend – in den Kirchraum. Sie sollten sich ausführlich umschauen und dann einen Lieblingsplatz suchen. Nicht eine halbe Minute vergeht, und Grüppchen sitzen eng aneinandergekuschelt auf den Stauboxen an den Seiten, in denen die Meditationsmatten aufbewahrt werden. Einige rennen von da nach dort. Gesehen haben sie kaum etwas, außer, dass der Raum groß, leer und irgendwie besonders ist.

Jedes Kind bekommt nun eine Spiegelkachel und geht mit dem Spiegel auf Kirchenschau. Die einzige Anweisung, die wir geben: »Betrachte nicht dich selbst, sondern deine Umgebung.« – Allmählich kehrt Ruhe ein in der Klasse. Da entdeckt ein Kind im Spiegel das Kreuzgewölbe, ein anderes die Orgel, die bunten Kirchenfenster hinter den Vorhängen, das Kreuz, die Marienikone. Manche halten den

Spiegel so, dass die Decke zum Boden und der Boden zur Decke wird. Einige staunen: Die Kirche ist gar nicht so leer wie erst gedacht. Es lohnt sich, einen zweiten Blick zu riskieren. Manche zeigen sich gegenseitig, was sie entdecken. Die Kinder sind angekommen.

Unser Angebot »Meditation und Stille für Kinder und Jugendliche« eröffnet jungen Menschen die Möglichkeit, Stille in sich und im Kirchraum zu erfahren. Übungen zur Sinneswahrnehmung stehen immer am Beginn. Dann geht es darum, den Körper zur Ruhe kommen zu lassen. Fantasiereisen wechseln sich ab mit Bewegung und Meditation, Klang und Stille. Die Kinder sollen Entspannung und innere Stärkung erleben.

Gerade Kindern wird ständig gesagt, dass sie still sein sollen. Mit den Übungen in der Kirche können sie auf ihre Art erleben: Stille ist mehr als das Fehlen von Lärm. Stille ist mehr, als dass Erwachsene ihre Ruhe wollen. Stille entfaltet vielmehr einen Raum, in dem die Kinder sich selbst fühlen und bei sich sein können. In diesem Raum können sie einer Kraft begegnen, die sie trägt und bei der sie aufgehoben sind. Im Folgenden einige Beispiele – gerne zum Nachahmen:

»Gott befiehlt seinen Engeln, dich zu behüten auf all deinen Wegen.« (Psalm 91,11)

Mit Kindern einer dritten Klasse gehen wir auf eine Fantasiereise. Sie kennen das schon, weil ihre Lehrerin das ab und zu mit ihnen macht. In der Klasse sitzen sie an ihrem Tisch, wo sie den Kopf auf die Arme legen, um sich nach innen zu kehren.

Jetzt liegen die Kinder ganz entspannt mit dem Rücken auf Matten am Boden. Nach anfänglichen giggeligen »Gute-Nacht-Wünschen« wird es ruhiger. Viele legen sich eines der Hirsesäckchen auf die Augen. Wir laden ein, die Kontaktpunkte ihres Körpers mit der Matte wahrzunehmen und der Bewegung ihres Atems zu folgen. Dazu liegen die Arme neben dem Körper, die Beine sind ausgestreckt.

Die gesprochenen Worte lassen viele Pausen für innere Vorstellungen:

»Du gehst in deiner inneren Fantasie auf die Reise. Nach einer Zeit landest du an einem Strand. Schau dich genau um, wie es dort aussieht. Such dir nun eine schöne Stelle aus und lege dich dort hin.

Spür den warmen, weichen Sand unter dir; wie dein Körper immer tiefer in den Sand einsinkt.

Nimm das Licht der Sonne hinter deinen geschlossenen Augenlidern wahr. Spür, wie sie dich wärmt, auf der Haut und bis tief in deinen Körper.

Ein warmer, sanfter Wind weht vom Meer her. Wo auf deinem Körper spürst du den Windhauch? Atme die gute Meeresluft tief in dich ein.

Nun lausche auf die Geräusche des Meeres – wie die Wellen kommen und gehen; wie das Meer Kieselsteine an den Strand spült und sich wieder zurückzieht.

Jetzt kommt es dir so vor, als würde sich der Himmel über dir ein wenig öffnen. Du hörst ein leises Flügelrauschen. Es kommt näher und lässt sich schließlich irgendwo neben dir nieder. Es ist angenehm. Du spürst, wie es einfach da ist, neben dir, als wollte es auf dich aufpassen. Du weißt nicht, wie es aussieht, aber du merkst, wie es ganz leise anfängt, etwas zu dir zu sagen. Kannst du verstehen, was es spricht? Vielleicht möchtest du diesem Wesen etwas anvertrauen?

Nach einer Weile erhebt es sich so leise und sanft, wie es gekommen ist, und entschwindet wieder in den wolkenlosen Himmel. Du bewegst dich, räkelst dich auf deiner Matte und kommst langsam zurück hier in diesen Raum.«

Neben jeder Matte liegt eine weiß angestrichene Streichholzschachtel. Darin ist eine Knete, die nicht krümelt. Die Kinder entnehmen die Knete der Schachtel. Wir laden sie ein, mit geschlossenen Augen die Knete warm und weich zu kneten. Und dann ohne innere Vorstellung die Hände sprechen zu lassen. Mit weiterhin geschlossenen Augen können die Hände eine Form finden für das innere Erleben. »*Deine Hände drücken der Knete ein, was du ausdrücken möchtest.*« Blind, weil die Augen so schnell bewertend in den Schöpfungsakt eingreifen. Nach gut fünf Minuten hat jedes Kind seiner Knete eine Gestalt gegeben. Die Kinder, die es geschafft haben, wirklich die ganze Zeit mit geschlossenen Augen da zu sein, staunen über das, was da vor ihnen ist: »Genau wie ich es in mir gesehen habe«, oder: »Das ist ja ganz anders geworden.«

Je zwei Kinder finden sich zusammen. Jeder stellt seine Gestalt auf die Streichholzschachtel – wie auf einen kleinen Sockel. Der Künstler soll gar nichts sagen. Die andere betrachtet und sagt, was sie sieht. Dann sagt der Künstler, was die Gestalt für ihn bedeutet. Gemeinsam finden sie einen Titel für das Werk und schreiben ihn auf ein Kärtchen. Danach wird die andere Gestalt betrachtet und bekommt einen Titel. Alle »Engelgestalten« stehen, sitzen oder liegen zum Schluss in der Mitte auf ihrem Sockelchen. Die Gruppe geht langsam um die »Schar der himmlischen Wesen« herum.

Als wir 2009 die *Kirche der Stille* eröffneten, hatten wir noch kein spezielles Angebot für Kinder. Doch das änderte sich nach nur wenigen Wochen. Ein Glücksfall war, dass wir uns mit dem Projekt »Meditation und Stille mit Kindern und Jugendlichen« bei einem Hamburger Wettbewerb bewarben und einen Preis in Höhe von 10 000 Euro gewannen.

Im Folgenden entwickelten Fachkräfte für Stillepädagogik ein Konzept, das in zwei Richtungen geht: Zum einen arbeiten wir mit den Kindern und Jugendlichen selbst in der Kirche und zum anderen mit Männern und Frauen, die an Kindertagesstätten und Schulen tätig sind. Wir bieten Gruppen aus Kindertagesstätten und Schulklassen an, eine Stunde oder auch einen Vormittag in der *Kirche der Stille* zu verbringen. Wenn es gewünscht wird, kommen unsere Mitarbeiterinnen in die Einrichtungen, um im Alltag Stilleerfahrungen zu vertiefen.

»Auf, werde licht, denn es kommt dein Licht!« (Jesaja 60,1)

Mit Kita-Kindern im Advent: Auf unserem Oktogon in der Mitte der Kirche legen wir aus vielen kleinen Tannenzweigen eine Spirale. Sie ist so gelegt, dass ein Kind gut seinen Weg in die Mitte und wieder heraus findet. Im Zentrum der Spirale steht eine große brennende Kerze.

Zunächst erfahren die Kinder die Form der Spirale an sich selbst. Sie malen eine Spirale in ihren Handteller. Dabei stellen sie sich vor, dass der Handteller mit Sand gefüllt ist. Der Zeigefinger der freien Hand berührt genau die Mitte der Sandhand, um von dort ganz langsam eine Spirale zu malen, die immer größer wird, so groß wie die Hand. Außen an der Handkante angekommen, wird die Spirale wieder zurückgemalt bis zur Mitte des Handtellers. Die Kinder konzentrieren sich still auf ihre eine Hand. Die sanfte Berührung ihrer Handinnenfläche wirkt Wunder, der Atem geht tiefer.

Begleitet vom Lied »Mache dich auf und werde licht« geht das erste Kind in die Spirale. Es trägt einen roten Apfel, in dem eine kleine Kerze steckt. In der Mitte angelangt, zündet es seine Apfelkerze an der großen Kerze der Mitte an. Es wendet sich um und geht den Weg aus der Spirale wieder heraus. Rote Servietten liegen verteilt an der Spirale. Jedes Kind wählt sich einen solchen Platz und stellt behutsam seine brennende Apfelkerze darauf ab. Mit jedem Kind wird die Spirale heller. Das Licht kommt.

Sollten die Kinder noch sehr jung sein, dauert es zu lange, bis alle Kinder den Lichtweg gegangen sind. Dann ist es besser, wenn die Adventsspirale über mehrere Tage begangen und entzündet wird.

»Ich habe dich beim Namen gerufen.« (Jesaja 43,1)

Die Kinder der vierten Klasse liegen mit dem Kopf zur Mitte auf dem Boden und haben die Augen geschlossen. Die Hände liegen auf ihrem Oberkörper, und wir beginnen zu tönen. Zunächst machen wir unseren Ausatem hörbar, dann bekommt der Ausatem einen seufzenden Ton mitgeschickt, dann tönen wir – jeder auf seinen Ton. Eine Klangwolke entsteht, die irgendwann wie von selbst verebbt.

Aus der Stille heraus fange ich an, den Namen meiner Kollegin zu singen. Koste jede Silbe aus. Ein Lied entsteht: »An – geee – li –ka«. Die Kinder stimmen mit ein. Dann stimmt Angelika den Namen von Vanessa an. Ich falle mit ein. Wir singen jede auf ihre Weise ein Vanessa-Lied. Jetzt wissen die Kinder Bescheid: Hier kann jeder selbstvergessen irgendeine Melodie singen. Ob wohl ihr Name auch drankommt? Wir singen: »Jo-o-naa-s«, und Jonas bekommt ein besonderes Leuchten in den Augen.

Dieses Namensrufspiel kann mit der Adventsspirale verbunden werden. Das Kind, das die Spirale begeht, wird für diese Zeit bei seinem Namen besungen. Da gehen Herzen und Lichter auf!

»Die aber, die Gott vertrauen, schöpfen neue Kraft, sie bekommen Flügel wie Adler.« (Jesaja 40,31)

Wir legen ein ca. zwölf Meter langes Seil auf den Boden. Die fünfte Klasse ist gespannt, was damit nun geschieht.

Seilziehen geht nicht. Wir haben das Seil an den Enden fest zusammengeknotet. Alle sollen mit beiden Händen das Seil anfassen – langweilig, denken da noch einige.

»Bildet einen Kreis. Ohne zu sprechen.« – Ist doch leicht … Aber dieser Kreis hat Ecken, er soll doch rund werden. Nun ist er wenigstens oval. Aber wie soll das Seil kreisrund werden – ohne laut gerufene Anweisungen: »Mach doch mal so!«, ohne mit den Armen zu dirigieren? Lässt nur einer los, verändert sich der Kreis schon wieder. Die Klasse begreift: Das geht nur im Team und in größter Aufmerksamkeit.

»Denkt euch, ihr haltet eine runde Glasplatte in Händen und legt sie zum Boden ab.« Einige wollen das ganz schnell erledigen. Da wird die »Glasplatte« schief. Wenn alle in gleichem Tempo sich hocken, senkt sich die Platte ganz gerade. Nun soll die Platte als gerade Fläche hochgehoben werden. Die Klasse merkt: Bitte nur so hoch, wie der oder die Kleinste die Arme heben kann.

Jetzt soll aus dem Seil ein Viereck geformt werden, dann ein Dreieck und danach ein Oktogon, wie die Mitte der Kirche. Das schaffen sie kaum. Aber die Klasse ist gebannt. Nur ein Seil und achtsame Hände. Das genügt.

Und dann der Höhepunkt: Alle klettern in das Seil und halten es mit ihrem Rücken fest. Wenn sich alle gleichmäßig ins Seil lehnen, können sich alle zurücklehnen. Das braucht gegenseitiges Vertrauen, und dann tut es sehr gut, so gehalten zu sein!

Und nun beginnt der Kreis nach rechts zu gehen, einige Mädchen quieken vor Schreck. Aber es geht, der Kreis kreiselt. Es ist wie Fliegen – auch in die andere Richtung, immer schneller. *»Das geht nur, wenn alle zusammenhalten«*, sagt einer hinterher. *»Ganz schön schwer, ohne zu reden herauszufinden, wie ein Viereck geht.« – »Das mit dem Kreisel am Schluss war das Schönste – keiner war draußen. Alle waren dabei.«*

Stille und Achtsamkeit mit Jugendlichen

»Wohin du gehst, dahin gehe auch ich.« (Ruth 1,16)

Eine sechste Klasse ist zu Besuch in der *Kirche der Stille*. Die Kirche ist schon erkundet worden. Nun schlagen wir eine Übung zu zweit vor: Jeweils ein Paar bekommt einen Bambusstab von ca. 80 cm Länge. »*Nimm deinen Zeigefinger und leg ihn ans Ende des Stabes. Haltet mit ›Fingerspitzengefühl‹ den Stab zwischen euch. Er soll möglichst nicht fallen. Deine ganze Aufmerksamkeit ist in deinem Zeigefinger und in deinem Gegenüber. Schau, was geschieht.*«

Wir beiden Leiterinnen haben währenddessen den Stab zwischen uns in Bewegung gebracht. Carola geht sogar in die Hocke, ich folge ihr und überquere den Stab. Dann übernehme ich die Führung, und Carola dreht sich. Ein Tanz entsteht.

Das verlockt. Sofort beginnt jedes Paar seinen Tanz, begleitet von Musik: Arvo Pärt, »Spiegel im Spiegel« passt gut dazu. Zunächst fällt ein Stab nach dem anderen. Die Kinder sind zu schnell, wollen zu viel. Wir halten inne und fragen, was sie erfahren: »*Wenn wir zu schnell sind, fällt der Stab runter, als wir langsamer wurden, habe ich auch mehr gespürt, wohin es geht.*« – »*Ich habe wirklich in meinem Finger gemerkt, wann Johannes gedrückt hat und wann ich dagegendrücken musste.*« – »*Wenn ich auf die anderen geachtet habe, ist unser Stab sofort runtergefallen.*« – »*Gut war, dass ich bestimmen konnte, wo wir langgehen, ohne dass ich was gesagt habe.*«

Die Klasse schlägt vor, dass man am besten fühlt, wenn man die Augen schließt. Und so machen wir es. Stäbe fallen erst, als sie in den Weg eines anderen Paars geraten.

Nun finden sich vier Kinder. Der Tanz beginnt zu viert, mit vier Stäben! Die Gruppe fängt Feuer. Große Achtsamkeit ist im Raum. Ein Wechselspiel von Führen und Geführtwerden allein durch den sanften Kontakt der Fingerspitzen.

Zum Schluss kommen wir im Kreis zusammen. Ich gebe einen Rhythmus vor und klopfe ihn mit dem Stab auf den Boden. Alle finden sich im gleichen Rhythmus ein. Ein Schüler übernimmt, und alle folgen seinem Rhythmus. Gut, in dieser stillen Kirche auch mal ein bisschen Krach zu machen!

Auch zur La Ola-Welle eignen sich die Stäbe: Alle heben sie kurz hintereinander hoch, machen den Sirenenton wie im Fußballstadion und senken sie kurz hintereinander.

Wir bilden mit den Stäben ein Dach, ein Spinnennetz, es wird zum Mikadospiel.

Bambusstäbe laden mit ihrer Leichtigkeit zum Spiel ohne Grenzen ein.

Bei kleineren Kindern ist es sinnvoll, das Ende der Stäbe mit einem Schaumstoffball zu versehen.

»Das Wort vom Kreuz ... ist eine Gotteskraft.« (1. Korinther 1,18)

Ein Abend mit Konfirmanden und Konfirmandinnen. Wir haben das Kreuz in der Kirche betrachtet und dabei unser Wissen der Geschichten über die Kreuzigung und Auferstehung Jesu geteilt. Die Frage, warum das Kreuz sich als Symbol der Christen durchgesetzt hat, ist im Raum. Wir laden sie zu einer Übung ein, die sie einer Antwort näherbringen kann:

24 Jugendliche liegen mit dem Rücken auf einer Matte. Sie empfinden mit ihrem Körper die Kreuzform der Kirche nach, indem sie mit dem Kopf nach Osten ausgerichtet sind, mit den Füßen nach Westen zum Ausgang und beide

Arme zu den Seiten ausgebreitet auf den Boden legen. Wer will, hat ein Hirsesäckchen auf den Augen liegen. Das entspannt die Augen und lässt besser nach innen schauen.

Übungen aus der Eutonie unterstützen die Jugendlichen dabei, sich auf dem Boden abzulegen. *»Spür hin, wo dein Körper Kontakt mit dem Boden hat: Fersen, Beine, Hintern, Rücken, Hinterkopf, Arme und Hände. Stell dir vor, du liegst im warmen Sand und dein Körper hinterlässt seinen Eindruck im Sand.«*

Ich schlage Klangschalen an, immer nur einen Ton, sobald er verklingt den nächsten. Die Gruppe wird immer ruhiger. Angelika geht herum, das hatte sie angekündigt. Wer nicht von ihr berührt werden will, gibt ein Zeichen. Die meisten sind neugierig und wollen. Sie streicht an den Waden entlang, hebt beide Füße an, greift unter die Fersen und zieht den Körper leicht in seiner Längsachse. Ich sehe von ferne, wie sich der Konfirmand streckt und tiefer in die Matte einsinkt.

Alle, die wollten, sind inzwischen »gelängt«. Eigentlich könnte das Liegen in Kreuzform noch viel länger gehen, keiner wird unruhig. 24 Jugendliche liegen kreuzweise auf dem Boden, finden sichtlich Entspannung und Ruhe in einer Gruppe, in der immer Geräusche sind, Unruhe. So, denke ich, wird das Kreuz zur Gotteskraft, leibhaftig.

»Mir ist ganz weit geworden«, sagt nachher eine. *»Ich war ganz schwer und bin gleichzeitig geschwebt wie auf einem fliegenden Teppich.« – »Wie im Nirgendwo, ich weiß gar nicht, wo ich war.« – »Ohne es zu wollen, habe ich gar nichts mehr gedacht.« – »Schön, dass du an meinen Füßen gezogen hast. Ich war ganz lang.« – »Es war wie Einschlafen, aber ich war ganz wach.«* Die Jugendlichen haben etwas erlebt: Sie versuchen zur Sprache zu bringen, was ans Nicht-Sprachliche rührt …

Eine »Nacht der Stille«

Die »Nacht der Stille« lädt Oberstufenklassen ein. Wenn der Tag zu Ende geht und die Stadt zur Ruhe kommt, treffen wir uns gegen 22 Uhr. Bei Kerzenschein machen wir erste Schritte in die Meditation. Schüler und Schülerinnen können Ruhe finden und eine Ahnung von dem bekommen, was ihr Leben in der Tiefe trägt. Entspannungsübungen, Fantasiereisen, Atemmeditation und achtsames Gehen sind Elemente einer solchen Nacht:

17 Schülerinnen und Schüler einer elften Klasse kommen, sie werden von ihrer Religionslehrerin begleitet. Wir schauen in lauter freundliche und interessierte Gesichter. Die Gruppe freut sich ganz offensichtlich auf diesen Abend. Sie werden bereits im Garderobenraum beim Schuhe- und Jackeablegen stiller. Schweigend betreten sie die Kirche und schauen sich um.

Eine kurze Runde im Kreis: Manche teilen mit, was sie sehen, was sie empfinden, manche haben Fragen. Wir stellen ihnen das Anliegen der *Kirche der Stille* vor und fragen selbst nach ihren eigenen Erfahrungen mit Meditation. Nur eine hatte früher einen Lehrer, der mit der Klasse meditiert hat; ein anderer weiß, dass die Gedanken wie Affen von Baum zu Baum springen und es darum geht, diese »Affen« festzubinden, um zur Ruhe zu kommen.

Eine erste Übung bringt die Klasse in Bewegung. Sie sollen den Unterschied erleben zwischen Klang und Stille, Bewegung und Ruhe. Ein vielen bekanntes Lied von Robbie Williams, »Feel«, erklingt, dabei bewegen sich die Schülerinnen und Schüler im Raum; sobald die Musik verklingt, bleiben sie stehen und hören in die Stille. Manche schließen die Augen. Immer wieder ertönt die Musik, die Klasse bewegt sich durch den ganzen Raum, um dann in der Musikpause stehen zu bleiben und in die Stille zu hören und die Ruhe wahrzunehmen. Zum Austausch danach versammeln wir uns wieder im Kreis um die Mitte. Verschiedene Rückmeldungen: Die Stille war anstrengend, sehr ungewohnt, wenn es ruhig war, fühlte ich innerlich einen Druck …

Jede Schülerin nimmt sich nun zwei Matten, die jeweils hintereinander zu einem »Bett« in einem großen Kreis um die Mitte gelegt werden. Alle liegen auf dem Rücken, ihr Kopf zeigt zur Mitte. Mein Kollege Ulrich leitet eine progressive Muskelentspannung an (nach Edmund Jacobson). Mit ruhiger Stimme spricht er in einer bestimmten Reihenfolge Muskelgruppen des ganzen Körpers an, die die Schüler an- und wieder entspannen. Sie konzentrieren sich dabei nur auf den Wechsel zwischen Anspannung und Entspannung und auf die Empfindungen, die mit diesen unterschiedlichen Zuständen einhergehen. Die Klasse lässt sich ganz und gar darauf ein: Die Schüler nehmen ihren Körper wahr, seine unterschiedlichen Empfindungen, und es macht den Eindruck, dass sie sich immer tiefer entspannen.

Eine geführte Fantasiereise folgt, ähnlich wie die mit den jüngeren Kindern. Hinterher räkeln sich die Schülerinnen und Schüler langsam ins Alltagsgefühl zurück. Eher nebenbei erzählen sie, dass sie noch nie so lange miteinander still gewesen sind.

Wir machen eine kleine Pause bei Tee und Gebäck und schlagen ihnen vor, im Schweigen zu bleiben. Es ist die erste Klasse, die ich erlebe, der das gelingt.

Nach der Pause sucht sich jeder ein Sitzbänkchen oder Kissen. Wir schauen, dass alle einen guten Sitz haben, wechseln Bänkchen aus und legen Deckenrollen unter, wenn jemand über schmerzende Füße klagt. Ich leite in die Grundschritte der Meditation ein: das gut gegründete Sitzen, die aufgerichtete Haltung und die Achtsamkeit auf den Atem. Die Klangschale umrahmt die Stille von gut fünf Minuten. Viele sind froh, endlich aufstehen zu können. Beim achtsamen Gehen kann man die Glieder ausschütteln und Verkrampfungen lösen. Einige gehen sehr langsam, andere schnell: Die Klasse ist achtsamer geworden aufeinander, bald findet sie ein gemeinsames Tempo im Gehen.

Danach kommt noch einmal stilles Sitzen. Ich schlage vor, dass sie weiter auf den Atem achten oder aber es mit dem Mantra »Schalom« versuchen. Dabei können sie einatmend die Silbe »Scha« und ausatmend die Silbe »lom« innerlich bewegen und ihre Gedanken ans immer wiederkehrende Wort »Schalom« binden.

Am Ende des Abends reden wir über die Erfahrungen: Einige sagen etwas, konzentriert und persönlich, andere bleiben ruhig. Dass man so viele wirre Gedanken hat und ob man die je ganz zum Schweigen bekommt, fragen sich einige. Und dass sie sich trotzdem sehr entspannt haben.

Stille mit pädagogischen Fachkräften

Neben der direkten Arbeit mit Kindern und Jugendlichen haben wir ein Weiterbildungsangebot entwickelt, das pädagogische Fachkräfte in Kindertagesstätten und Schulen qualifiziert, eigene Angebote zu machen. Es ist darauf ausgerichtet, verschiedene Wege in die Stille selbst zu erfahren, die im Alltag von Kindertageseinrichtungen und Schulen integrierbar sind.

In regelmäßigen Abständen gibt es – in Zusammenarbeit mit dem Institut für Lehrerbildung Hamburg – mehrstündige Seminare »Wege in die Stille« für die jeweiligen Altersgruppen. Diese Seminare finden gute Resonanz. Viele Lehrerinnen und Lehrer besuchen danach mit der eigenen Klasse die *Kirche der Stille*. Das ist eine schöne Kooperation mit Kitas und Schulen in unserer Nachbarschaft und darüber hinaus.

»Werdet selbst wie lebendige Steine.« (1. Petrus 2,5)

Zwanzig Erzieherinnen aus Hamburger Kitas sind an diesem Vormittag in die *Kirche der Stille* gekommen. Gelockt hat sie der Titel der Fortbildung: »Wege in die Stille. Stilleübungen für den Alltag in einer Kita.« Die meisten sind selber bedürftig nach Stille und sagen das schon in der ersten Runde. Wir laden sie ein, sich zunächst auf die Übungen einzulassen und sie an sich selbst zu erleben.

Wir haben unterschiedlich geformte Steine (Kiesel vom Strand) in einer Wärmebox mit Wärmflaschen gewärmt. Mit geschlossenen Augen greift jede Erzieherin einen warmen Stein und macht sich mit ihm vertraut. Manche legen ihn ans Gesicht, andere riechen an ihm. Die Hände »betrachten« ganz genau Form, Größe und Temperatur des Steins. Ein inneres Bild steigt auf: Er wird zu ihrem Stein.

Schwer fällt es ihnen, nach einer Weile den Stein wieder herzugeben. Die Steine werden eingesammelt und erneut verteilt. Weiter mit geschlossenen Augen kreisen die Steine von Hand zu Hand, und tatsächlich findet jede ihren Stein wieder. Nun darf er mit geöffneten Augen angeschaut werden. Erstaunen ist im Raum: *»Ich hätte nie gedacht, dass ich meinen Stein unter zwanzig Steinen wiederfinde.«*

In der Mitte liegt ein Tuch. Wir erklären die Regel für das Stein-Spiel: Es wird schweigend immer ein Stein auf das Tuch gelegt. Wer dran ist, bestimmt, wohin der Stein gelegt werden soll. Wenn alle Steine auf dem Tuch abgelegt worden sind, beginnt eine Person, irgendeinen Stein an einer neuen Stelle hinzulegen. Alle Steine dürfen genommen werden, nur der zuletzt gelegte Stein nicht.

Es entstehen faszinierende Steingebilde auf dem Tuch, immer wieder neue. Zwischendrin halten wir inne und sagen, was wir in den gelegten Steinen sehen. Die unterschiedlichsten Assoziationen werden geäußert, ganze Geschichten werden erzählt. Hinterher sagen die Erzieherinnen: *»Das Spiel hat Spaß gemacht, nur als ›mein‹ Stein einfach weggenommen wurde, war ich leicht ärgerlich.« – »Ich musste immer wieder von meinem inneren Bild loslassen, das ich mir vom Steinbild auf dem Tuch gemacht habe.«*

Sie tauschen aus, wie diese Übung mit Kindern ihrer Gruppe wäre. Manche Kinder mögen es einfach nicht, die Augen zu schließen. Ob man denen vielleicht eine Augenbinde anbietet? Damit sie erfahren können, wie es ist, wenn man sich ganz auf seinen Tastsinn konzentriert. Und: dass manche Kinder bestimmt genauso ärgerlich reagieren wie sie selbst, wenn »ihr« Stein einfach von einem anderen Kind weggelegt wird. Aber auch: wie elementar und beruhigend dieses Stein-Spiel ist und dass sie nun Steine für ihre Kita sammeln wollen.

Hindernisse gibt es auch

Natürlich gelingt nicht jede Übung in jeder Gruppe. Immer wieder haben wir es auch mit Widerständen zu tun, manche Kinder wollen einfach nicht mitmachen, kichern, fühlen sich unwohl. Meiner Erfahrung nach geht der Druck am besten weg, wenn wir anbieten, die Übungen einfach freiwillig mitzumachen. Wer nicht mag, kann sich ausklinken und im Garderobenraum bei Tee und Keksen warten.

In den vielen Jahren der Arbeit mit Kindern und Jugendlichen habe ich erlebt: Es ist eine beglückende Arbeit, sich gerade mit ihnen auf den Weg zu machen. Scheinbar ist Stille in dieser Lebensphase so gar nicht dran. Aber ich habe immer wieder erfahren, dass auch Kinder und Jugendliche das Bedürfnis haben, sich zu entspannen, zur Ruhe zu kommen, sich im Körper zu spüren und absichtslos zu spielen. Dafür haben sie oft zu wenig Raum.

Die hier beschriebenen Übungen ermöglichen den Kindern zum Beispiel, sich auf jeweils einen Sinn mit größter Achtsamkeit zu besinnen und darin zu zentrieren. Sie können dann ganz da sein: in ihrem Blick in den Spiegel, im Fingerspitzengefühl mit dem Bambusstab, im Kneten ohne konkrete Aufgabe oder beim Spielen mit Steinen, im Klang ihrer Stimme ohne festgelegte Töne oder in der Erfahrung, dass alle gemeinsam nur durch ein Seil getragen sind. Wenn die Übungen gelingen, bekommen die Kinder und Jugendlichen einen guten Sinn für ihre eigene Wahrnehmung, sie richten ihre Sinne sozusagen von außen nach innen. Ihr innerer Raum kann sich öffnen und wieder spürbar werden.

Wenn Kinder dann aus diesem inneren Raum heraus zu sprechen beginnen, rühren ihre Worte manchmal direkt an eine spirituelle Dimension. Was sie aber im Tiefsten erleben, liegt wohl jenseits ihrer Worte und bleibt ihr Geheimnis.

Porträt – die Erzieherin

Was ich erreichen kann, wird nur so groß, wie ich selber bin«, sagt die schmale Frau mit dem grauen Pagenkopf und dem lebhaften Gesicht. Sie ist gerade im Hamburger Spätherbstregen mit dem Fahrrad gefahren und schält sich nun aus ihren wetterfesten Überkleidern. »Wenn ich für andere etwas bewegen will, muss ich fest in mir ruhen. In der *Kirche der Stille* finde ich Ruhe und Konzentration.«

Seit drei Jahren leitet sie eine Kita, die zwar Räume einer Kirchengemeinde gemietet hat, aber selber nicht in kirchlicher Trägerschaft ist. In dieser Zeit hat sie die Angebote der Kirche schätzen gelernt – zunächst einmal für sich.

Sie ist in einem kleinen hessischen Dorf in den Fünfziger- und Sechzigerjahren katholisch sozialisiert. Die Kirche ihrer Heimat war für sie als Kind und Jugendliche prägend und zugleich zu eng. In den Norden wollte sie, zum Meer, zu den kühleren Protestanten, raus aus den hessischen Hügeln und Tälern in die Weite. Geblieben ist ein Gefühl für Räume, für Rituale, für das Entlastende im Spielen nach Regeln. Wenn sie einmal in der Woche zur Kontemplation geht, will sie nicht reden und auch nicht viel zuhören. Ein paar Worte, ein Impuls, dann in die Stille. Die Ausrichtung auf die Mitte, die den Raum prägt, empfindet sie als wohltuend, befreiend. Sie mag, wie behutsam und doch konsequent umgebaut ist. »Und doch spürt man, dass Leute hier schon lange Verbindung mit Gott suchen.«

Die Erzieherinnen ihrer Kita haben in der *Kirche der Stille* eine Weiterbildung gemacht. Sie haben sofort gemerkt: Das wollten sie auch für die Kinder haben. Und das funktioniert auch im eigenen Raum bzw. in der Nachbarkirche, die einen eigenen Raum der Stille hat. Vor allem Tänze: Indische Kreistänze, Wettertanz, Tanz mit Tüchern – diese Bewegung nach Regeln gefällt den Kindern, auch den Jungs. Die Kinder können sich ausgelassen bewegen und zugleich versenken, frei und doch in regelhaften Formen. Dazwischen Ruhe und Stille – ein rares Gut in jeder Kita. Die Leiterin fühlt sich entlastet durch die Angebote aus der *Kirche der Stille*. »Die Kinder erleben sich noch einmal anders als Mitglied einer Gruppe«, sagt sie. »Sie sind ganz dabei und doch als Einzelne nicht ganz so wichtig.« Auf einmal reden die Kinder beim Mittagessen darüber, wie man eigentlich Gott findet, ob er in einer bestimmten Kirche wohnt, wie er aussieht. »Wir haben alle zwei Väter«, sagt ein Mädchen. »Unsern Papa und dann noch Gott.«

Im bewussten und regelhaften Wechsel von Stille und Bewegung, von wildem Ausdruckstanz und komplettem Versinken können die Kinder etwas erhalten, was sie von ihrem Wesen her ohnehin haben, aber was durch Reizüberflutung verschüttet wird, glaubt die Leiterin. Erwachsene haben das meistens verloren, aber Kinder leider auch. Es hat etwas mit Hörenkönnen zu tun. Mit sich selber wahrnehmen und sich zugleich als Teil von etwas verstehen. Neulich war sie mit den Kindern draußen und hat mit ihnen nur auf die Vogelstimmen gehört.

In der Kirche ihres hessischen Heimatdorfs haben viele der Leute nur darüber geredet, wie man leben soll. Wie es drinnen war, ging keinen etwas an. »In der *Kirche der Stille* treffe ich Menschen, die tun, was sie sagen, und sagen, was sie tun. Das hilft mir, selber in meiner Mitte zu bleiben.«

7. Kapitel
Gottesdienste in der Stille

Seit Beginn der Neunzigerjahre gab es in der Altonaer Gemeinde regelmäßig einmal im Monat einen Abendgottesdienst um 18 Uhr. Dieser Gottesdienst war beliebt, vor allem natürlich bei Menschen, die ihren Sonntag lieber mit einem Gottesdienst ausklingen lassen, als ihn – aus ihrer Sicht zur Unzeit – damit zu beginnen. Diese Gottesdienste hatten eine besondere Form und wurden oft im Team mit Ehrenamtlichen vorbereitet. Da gab es Literaturgottesdienste, Jugendgottesdienste, politische Abendgebete und auch Gottesdienste mit Meditation. Jede Form hatte ihr eigenes Klientel.

Ich entwickelte ein Format für die Meditationsgottesdienste, die regelmäßig und in sich wiederholender Form stattfanden.

Zu den besonderen Gottesdiensten gehört seit 1996 bis heute der Frauengottesdienst, vier Mal im Jahr am Freitagabend. »Psalmen leben« nennen sich diese Gottesdienste, und jedes Mal steht ein Psalm im Mittelpunkt. In diesen Gottesdiensten entwickelten wir die Form der »Psalm-Begehung«, die viele sehr gerne mögen: Die Frauen nehmen den Psalm sozusagen »unter die Füße«, indem sie mit ihm murmelnd durch die Kirche gehen. Wieder und wieder sprechen sie die Worte oder bleiben bei einzelnen Worten oder Versen stehen. Die Verse und Versteile werden so zu eigenen Worten, die ich jemandem zusprechen kann. Ich schmecke die einzelnen Worte, eigne sie mir an, wenn sie passen, oder lasse sie ziehen, wenn sie mich gerade nicht berühren.

Wie im Synagogengottesdienst werden die Psalmen dadurch Abbild eigener Verfassungen. Sie heben auf, was schwer ist, bieten Luft und Raum für Klage. Schwere, auch schreckliche Themen dürfen sich in die Psalmen hineinweben. »Gewalt gegen Frauen« oder »Trauer um den Verlust eines Kindes« – Klage darf sein. Manche Psalmen haben einen Wechsel von der Klage zum Lob. Sie tragen diese Gebetsweisheit in sich und bieten sie als Hilfe an: Sie laden von ihrem eigenen Duktus her dazu ein, in eine Klage einzustimmen, die oft größer ist als die eigene Sorge. Manchmal führen sie dann auch mit hinaus aus der Tiefe hinein in einen Lobgesang. Manchmal.

Die fusionierte Gemeinde bietet in allen drei Kirchen und zu unterschiedlichen Zeiten Gottesdienste an: In der Friedenskirche gibt es jeden Sonntag um 10 Uhr Gottesdienst in traditioneller Form (Agende I). In der St. Johanniskirche findet an jedem ersten Sonntag im Monat um 12 Uhr ein thematischer Mittagsgottesdienst statt. In der *Kirche der Stille* feiern wir am zweiten und vierten Sonntag Abendgottesdienst mit Meditation. Dazu kommen am Kirchenjahr orientierte Feiern.

Der Abendgottesdienst mit Meditation

Der Abendgottesdienst in der *Kirche der Stille* hat eine einfache Form. Die Menschen sitzen um die Mitte, die zum Chorraum hin geöffnet ist. Zwei Halbkreise sind mit Matten, Sitzkissen und Sitzbänkchen belegt. Dahinter stehen Stühle für einen dritten Halbkreis. Die Musikerin und die Pastorin sitzen am äußeren Rand des Halbkreises. So werden sie gut gesehen und verstanden. So dicht beinander, können wir einander gut hören, gerade auch beim Singen. Gemeinschaft entsteht einfacher.

In der Vorbereitung ist der Gottesdienst ein Gemeinschaftswerk: Ein Musiker oder eine Musikerin und ein oder zwei Pastoren bereiten ihn zusammen vor. Wir entscheiden uns für einen biblischen Text, möglichst den Predigttext des Sonntags. Wo sind wir in diesem Text selbst angesprochen, innerlich bewegt oder haben Fragen? Was brauchen wir, um besser auf den Text hinhorchen zu können? Woran stoßen wir uns? Aus diesem Gespräch ergeben sich die Gedankenanstöße in den beiden Impulsen und auch die Lieder.

Beim ersten Lied ist die Musikerin noch auf der Orgelempore verborgen, oft klingt auch der Psalm noch von oben, die Gemeinde antwortet aus dem Kreis mit einem einfachen Kehrvers. Für die anderen Lieder kommt der Musiker mit in den Kreis und stimmt an. Taizé-Gesänge oder einfache Lieder und Kanons – viele Lieder kommen immer wieder und gehören zum Liedschatz der *Kirche der Stille*.

Eine singende Gemeinde wächst nicht von allein. Wer früher kommt, kann schon eine halbe Stunde vorher mit der Musikerin die Lieder einüben. Im Gottesdienst selbst fließt das Singen dann viel leichter und trägt die gesamte Atmosphäre. Kaum jemand muss noch die Noten buchstabieren.

Ich selbst liebe das Psalmodieren, das alle unsere Musikerinnen wunderbar können. Ein Psalm dehnt sich auf diese Weise aus, bekommt Farbe und Geschmack. Die Gemeinde hat Zeit, sich in ihn einzustimmen – auch durch den wiederkehrenden gesungenen Vers. Das Tempo wird im Psalmodieren verlangsamt und erlaubt, anzukommen.

Nach der Lesung wird der biblische Text in zwei kurzen Impulsen für die stille Zeit aufgeschlossen. Wenige Worte zeichnen den Text kurz nach, greifen einen Gedanken auf, eine Frage oder ein Bild, mit dem die Gottesdienst-Besuchenden für fünf bis zehn Minuten still dasitzen. Ein Lied besingt das Thema. Ein zweiter Impuls vertieft den Text und führt wieder für eine Zeit in die Stille.

Das Lied danach leitet in die Fürbitte über. Dazu versammelt sich die Gemeinde im Chorraum in einem Kreis um zwei große Schalen, die erhöht stehen und in deren Mitte jeweils eine große Kerze brennt. Nach einem kurzen Innehalten zünden die Menschen ihre Vigilkerze schweigend an und stecken sie in den Sand in den Schalen: Die Fürbitten leuchten sichtbar unter uns auf. Das Kerzenentzünden bleibt im Fluss, es stehen mehrere gleichzeitig an den Schalen. Die letzte Kerze wird in gesprochener Bitte für die Menschen entzündet, für die an diesem Tag die Kollekte gesammelt wird.

Der Musiker stimmt das gregorianische Vaterunser an: Er singt eine Zeile vor, die Gemeinde singt nach. Das altvertraute Gebet verlangsamt und intensiviert sich durch das Hören und Antworten. Der Segen beschließt den Gottesdienst.

Viele bleiben noch eine ganze Weile vor den Lichterschalen stehen, einige setzen sich, um den Gottesdienst ausklingen zu lassen, und andere gehen zügig in ihren Sonntagabend.

Ein Gottesdienst mit Erwachsenentaufe

Eindruck einer Pastorin, die zum ersten Mal in der *Kirche der Stille* Gottesdienst mitfeiert: »Ich bin früh da und erlebe, wie viel schon im Vorfeld des Gottesdienstes passiert. Die Kantorin kommt und bringt Liedzettel mit. Ein Taufgottesdienst wird es sein, der erste in der *Kirche der Stille*. Taizé-Lieder hat sich die erwachsene junge Frau gewünscht, ›Bei Gott bin ich geborgen, still wie ein Kind‹ und

›Bless the Lord, my soul‹. Die Kantorin singt mit denen, die schon früher gekommen sind. Mancher setzt sich um, damit er nicht allein singt. Andere finden sich im Alt wieder, den sie gar nicht singen zu können glaubten. Eine kleine Schola entsteht, nicht perfekt, aber darauf kommt es nicht an. Die, die da sind, wissen, dass sie gebraucht werden.

Inzwischen sammelt sich die Gottesdienstgemeinde um die Mitte. Manche sitzen auf Kissen, manche auf Stühlen. Es ist still, bis die Orgel zu spielen beginnt.

Von der Empore herab singt die Kantorin einen Psalm. Dann folgt das erste gemeinsame Lied. Eines von vielen. Einige singen mit, andere hören einfach zu. Zwei längere Stillephasen prägen den liturgischen Ablauf. Dann wird aus der Bibel gelesen. Das dritte Kapitel aus dem Johannesevangelium. Nicht von vorne, sondern aus dem Kreis heraus, der sich um die Mitte rundet: ›Der Wind bläst, wo er will, und du hörst sein Sausen wohl; aber du weißt nicht, woher er kommt und wohin er fährt. So ist es bei jedem, der aus dem Geist geboren ist.‹

Fünf Minuten Stille schließen sich an, klangschalenumrahmt. Das feine volle Tönen am Anfang und Ende gibt dem Nicht-Klang Kontur. Es folgen noch mehr Lieder, bevor die Taufe beginnt. Auch sie findet in der Mitte statt. Jemand hält die Taufschale. Die Atmosphäre ist lässig, aber nicht nachlässig. Im Fluss bleiben. Wenn etwas tropft oder wackelt, dann ist das eben so. Erklärt wird nichts. Die junge Frau neigt den Kopf zur Schale, die Pastorin tauft, die Mutter bringt eine schlichte Kerze, der Vater, aus dem Rund der Gemeinde, liest ein Gedicht. Dann ein Gebet, noch ein Lied.

Zu den Fürbitten kommt Bewegung in den Raum, jeder kann eine Fürbittkerze in eine Sandschale stecken. Es muss nichts gesagt werden, das Bitten darf schweigend vorgebracht werden, die Pastorin setzt die letzte Kerze mit der Kollektenbitte. Zum Schluss singen wir ein Vaterunser, wir stehen im Kreis an dem Ort, der früher der Altarraum war und der immer noch besonders klingt. Dort werden wir auch gesegnet. Gesegnet und still verlassen wir die Kirche.«

Psalmengottesdienste

In regelmäßigen Abständen feiern wir Abendgottesdienste, in deren Zentrum – wie bei den Frauengottesdiensten – ein Psalm steht. Die Idee, einen Gottesdienst in dieser Form zu halten, stammt von Dorothee Sölle. In ihrem Buch »Erinnert an den Regenbogen. Texte, die den Himmel auf der Erde suchen« (Herder, 1999) schreibt sie unter dem Titel »Psalmen essen«: »Die Psalmen sind für mich eins der wichtigsten Lebensmittel. Ich esse sie, ich trinke sie, ich kaue auf ihnen herum, manchmal spucke ich sie aus, und manchmal wiederhole ich mir einen mitten in der Nacht. Sie sind für mich Brot. Ohne sie tritt die spirituelle Magersucht ein, die sehr verbreitet unter uns ist und oft zu einer tödlichen Verarmung des Geistes und des Herzens führt … Esst Psalmen. Jeden Tag einen. Vor dem Frühstück oder vor dem Schlafengehen, egal. Haltet euch nicht lang bei dem auf, was ihr komisch oder unverständlich oder bösartig findet, wiederholt euch die Verse, aus denen Kraft kommt, die die Freiheit, Ja zu sagen oder Nein, vergrößern.«

Wir haben ihre Anregung aufgenommen und machen damit gute Erfahrungen. Ein meist bekannterer Psalm zieht sich wie ein roter Faden durch den Gottesdienst. Er liegt allen in abgedruckter Form vor Augen und in Händen. Schon in der Begrüßung klingt er an.

Nach dem ersten Lied psalmodiert die Musikerin den Psalm, ein erstes Kosten der uralten Worte. Die Gemeinde antwortet zwischendrin mit einem Kehrvers, einer Zeile aus dem Psalm mit einfacher Melodie. Es gibt keine Noten, wir singen nach dem Hören.

Ein Gebet leitet in die Stille über. Aus der Stille heraus spricht die Pastorin den Psalm. Eine kurze Stille danach gibt Zeit, die Worte nachklingen zu lassen – die für manche wohlvertraut, für andere unbekannt sind.

Nun werden alle eingeladen, den Psalm gemeinsam zu sprechen. Im Chor gesprochen, wird der Psalm immer mehr zu einem Gebet der Gemeinschaft, zu einem Gesang, der sich in die Seelen singt. Darum geht es im nächsten Schritt:

Drei Töne eines Dreiklangs werden angestimmt, jeder und jede sucht sich einen Ton, und auf diesen Tönen wird nun der ganze Psalm gesungen. Die Menschen machen in der Regel alle mit, es klingt unbeschwert, fast wie im Kloster. Ein Lächeln auf den Gesichtern. Wir singen uns mehr und mehr in den Psalm hinein.

Wenige Worte führen in eine Zeit der Stille: »Lass Bilder und Worte des Psalms in dir aufsteigen, so, wie du sie jetzt erinnerst. Wenn du an einem Wort oder einem Vers hängen bleibst, verweile dabei. Kaue dieses Wort, koste es und lausche auf seine Botschaft.« Für diese Stille nehmen wir uns gut fünf Minuten Zeit. Nach der Stille wird der Psalm vom Vorbeter langsam gesprochen. Jeder ist eingeladen, an der Stelle laut mitzusprechen, wenn sein Vers kommt, an dem er still »gekaut« hat. Die Gottesdienstgemeinde erlebt unmittelbar, welche Worte aus dem Psalm heute in der Gruppe besondere Resonanz auslösen. Der Psalm spricht sich in persönliche Lebenssituationen hinein, ganz aktuell, tröstet, verbindet, gibt Halt und hat Kraft.

Unsere Psalmgottesdienste münden in eine gemeinsame Mahlfeier: Die Gemeinde steht um die Mitte, in der Brot und Traubensaft bereitstehen, schenkt einander den Friedensgruß und teilt das Abendmahl. Ein bekannter Kanon schließt den Gottesdienst: »Lobe den Herrn, meine Seele, und seinen heiligen Namen. Was er dir Gutes getan hat, Seele, vergiss es nicht. Amen.«

Besondere Gottesdienste im Kirchenjahr

Die Zwölf Heiligen Nächte

Jedes Jahr begehen wir die Zwölf Heiligen Nächte, vom 26. Dezember bis zum 6. Januar. In dieser Zeit kommen wir jeden Abend für eine Stunde zusammen und gehen so einen Weg durch die Weihnachtszeit.

Ein lang gehegter Wunsch von mir geht damit in Erfüllung. Ich habe ihn, seit ich vor Jahren – angeregt durch ein Büchlein von Jörg Zink (Zwölf Nächte. Was Weihnachten bedeutet, Herder 1994) – von den Rauhnächten oder Heiligen Nächten erfuhr. Ich hatte immer das Gefühl, dass diese Zeit und die Träume in diesen Nächten besondere sind.

In unserer Gemeinde in Altona war es so: Heiligabend war ein Rausch mit übervollen Gottesdiensten, schon am nächsten Tag schien Weihnachten zu Ende zu sein. Unsere Gottesdienste am ersten und zweiten Weihnachtstag wurden so wenig besucht, dass wir Pastoren immer wieder neu diskutierten, ob wir sie beibehalten sollten. Ich weiß, dass das in vielen Gemeinden so ist. Seit wir die Zwölf Heiligen Nächte begehen, haben wir dieses Problem nicht mehr.

»Gerade dass Weihnachten auch in mir geschieht, darin liegt ja alles.« Mit diesem Satz Meister Eckharts laden wir nach den Weihnachtsfeierlichkeiten in die *Kirche der Stille* ein. In jedem Jahr folgen mehr Menschen dieser Einladung. Manche gehen bewusst durch alle Zwölf Heiligen Nächte, für sich und abends in Gemeinschaft in der *Kirche der Stille:*

Die Kirche ist in halbdunkles Licht getaucht. Wir sitzen um die weihnachtlich geschmückte Mitte. Die ersten drei Kreise sind mit Matten und Sitzkissen und Sitzbänkchen bestückt, der äußere Kreis mit Stühlen. Obertonklänge stimmen uns ein, die von einer Musikerin auf Gemshorn, Röhrenglockenspiel und Monochord gespielt werden. Manchmal summt sie dazu, ihre Obertöne schweben im Raum.

Eine kurze Begrüßung führt in das Thema hinein. Das Eingangsgebet bietet an, die Gedanken zu sammeln und sich auf Gott hin auszurichten. Wir stimmen das erste Lied an; einmal wird es gesprochen und vorgesungen. Es ist einfach, und die meisten greifen es leicht auf. Der Kanongesang kommt schnell in den Fluss, kein Notenbuchstabieren, sondern gemeinsamer Klang.

Einige biblische Verse werden gelesen. Ein paar Worte schließen den Text auf. Sie leiten in eine Stille ein, in der jede und jeder das Gehörte im Herzen bewegen kann. Mit Meister Eckhart: »Weihnachten geschieht auch in mir.« Das ist das Zentrum der Heiligen Nächte.

Die Klangschale beendet nach zehn Minuten die stille Zeit.

Wir stehen auf, entweder für eine Bewegung, ein Körpergebet oder für ein Lied. Zum Beispiel der Kanon: »Wechselnde Pfade, Schatten und Licht; alles ist Gnade, fürchte dich nicht.« Dann eine zweite Zeit der Stille. Ein Segen beendet den Gottesdienst. Obertonklänge bewahren die Stille im Raum. Wer mag, bleibt noch eine Weile sitzen.

Die biblischen Texte der Zwölf Heiligen Nächte beleuchten unterschiedliche Aspekte der Weihnacht. Wir nehmen Maria in den Blick, den alten Simeon und das göttliche Kind in seinen Händen, die Träume des Josef oder den Leitstern der drei Könige; Prophetenworte, die Mut und Stärkung geben für das neue Jahr. Keine Predigt, kein Erklären, wie es gemeint ist und was es für uns bedeuten könnte.

Impuls am 27. Dezember: »Die Bibel erzählt die Geschichte vom alten Simeon (Lukas 2,25–35). Wie er voll Sehnsucht hofft, ein Leben lang in sehnender Suche lebt, bis sie sich erfüllt. Am achten Tag nach Jesu Geburt geschieht es im Tempel zu Jerusalem: Er erkennt das göttliche Kind, er nimmt es in seine großen alten Hände. Er sieht das Kind an und das Kind sieht ihn an. Sie versenken sich in den liebenden Blick des anderen, erkennen einander in der Tiefe ihres Wesens. Für Simeon ist das das Ganze, das Heilende, das Vollkommene. Aus der Tiefe seines Herzens beginnt er zu singen: »Meine Augen haben das Heil gesehen, nun kann ich im Frieden gehen – in diese Nacht, in den Tod.«

Simeon und das Kind – ein Bild der Erfüllung und des Friedens. Auch in dir wird das göttliche Kind geboren, tief in deinem Innern wächst es heran. Es ist da! Es will gehegt und gesehen werden – besonders in diesen Heiligen Nächten. Es schenkt dir Frieden, stillt deine Sehnsucht. In der Stille kannst du es anschauen – mit den Augen deines Herzens dich ihm nähern.«

Impuls am 2. Januar: »Denkt nicht an das Frühere. Siehe, ich mache Neues. Jetzt sprießt es auf, gewahrt ihr es?« (Jesaja 43,19)

»Ein ganzes Jahr liegt vor dir, wie ein unbeschriebenes Blatt. Was wird dir begegnen? Was wird wachsen und neu werden? Fragen begleiten uns in diesen Tagen, leiten unseren Blick in die Zukunft.

›Ich mache Neues‹, sagt Gott. ›Jetzt sprießt es auf, gewahrt ihr es?‹

Was ist jetzt? Was ist jetzt gerade? Jetzt sprießt es auf!

Jetzt liegt in der dunklen, kalten Erde der Keim; er ist schon da und im Kommen. Jetzt erkennst du Knospen an den kahlen Ästen, sie sind schon da und im Werden. Jetzt reift das Unbekannte verborgen in deiner Tiefe heran, es ist schon da und kommt ans Licht. Das Neue musst du nicht erarbeiten und erklügeln, es ist da – jetzt. Jetzt sprießt es auf, gewahrst du es?

Es gewahren – wahrnehmen – für wahr nehmen – es gewähren lassen, in Geduld, in aller Ruhe. Es wachsen lassen in dir: zart und leise, stark und unaufhaltsam.

Schweige und höre, neige deines Herzens Ohr.

Dein Ohr ist der Geburtsraum, in dem das Neue zur Welt kommt. Im Lauschen nach innen wird es geboren, im Horchen kommt es ans Licht, wenn die Zeit reif ist. Das ist alles, was du tun kannst – jetzt. Die Hände in den Schoß legen, einfach da sein und lauschen.«

Schwellennächte – Silvester und Neujahr

An Silvester gibt es ein zweistündiges Ritual: Der Moment der Schwelle, an der wir an diesem Abend stehen, wird in Stille bedacht, erfahren, durchschritten. Wir sind mit Jakob unterwegs und seinem Schwellentraum von der Engelsleiter in Bethel (Genesis 28). In der Kirche steht eine alte Holzleiter. An ihr hängen viele Engel aus Papier. Segensworte sind darauf geschrieben. Jeder und jede darf sich einen Segen davon »abpflücken«. Im Gehen murmeln alle ihren Segen. Der Kirchraum schwillt an, ist voller Segensgemurmel. Es findet Begegnung mit den Segensworten statt. Menschen lesen einander ihren Segen vor. Ein großes Segenteilen. Stärkung für den Übergang ins neue Jahr. »Maranatha Jehoschua Schalom« – »Komm, Jesus, unser Friede«, singen wir. Das neue Jahr kann kommen.

An Neujahr begleitet uns Jakob noch einmal. Es geht um seinen Kampf am Jabbok (Genesis 32), seinen Übergang ins neue, ins Gelobte Land. Wir gehen nicht unversehrt und unverwundet ins neue Jahr, aber gesegnet. Manchmal gehen Schmerz und Segen Hand in Hand – damit können viele Menschen etwas anfangen.

Wer mag, kommt für einen persönlichen Segen zu uns in den Chorraum, sagt den Vornamen, vielleicht auch ein Anliegen. Jeder entscheidet selbst, wo wir die Hände auflegen sollen. Tränen fließen, Ängste und Schmerz werden sichtbar, aber auch tiefes Vertrauen und Dankbarkeit. Die Klänge des Monochords halten die Gemeinschaft im Schweigen zusammen.

Ein großer Segenskreis am Schluss bindet auch die mit ein, die nicht zum Segen gekommen sind. Die rechte Hand öffnen wir wie eine Schale und legen unsere Hoffnungen, Wünsche und Sehnsüchte für das neue Jahr in sie hinein. Die linke Hand legt sich in die geöffnete Hand des linken Nachbarn, der linken Nachbarin. Der Kreis schließt sich, Segen fließt durch uns hindurch und wird mit der Verbeugung zum Abschied nach draußen getragen.

Gespräch nach einem Gottesdienst

»Wenn ich zum Gottesdienst komme und den Raum betrete, bin ich sofort da«, sagt eine Frau mit kurzen grauen Haaren und lebhaften dunklen Augen. »Schon im Eingang geht mir das so. Es passiert etwas mit mir – obwohl nichts geschieht. Ich muss nichts sagen. Schlagartig merke ich das: Ich komme an einem Ort an, an dem ich nichts sagen muss.«

»Ich suche Gemeinschaft«, nickt eine andere Frau, vermutlich um die 30 Jahre alt, »ich hab' lange nach einer Form von Gottesdienst gesucht, in der ich wirklich Gemeinschaft erleben kann. In genau der Mischung aus Wort, Klang und Stille hier hab' ich das gefunden.«

Zwölf Menschen sind nach dem Sonntagabendgottesdienst in der Kirche sitzen geblieben, um mit den Pastorinnen darüber zu sprechen. Kein Predigtnachgespräch, kein Kirchkaffee, sondern eine halbe Stunde Konzentration um die Frage: Warum kommen Sie gerade hierher zum Gottesdienst am vierten Sonntag im Monat um 19 Uhr? – »Wegen des Singens«, sagt eine. »Ich mag, dass wir die Lieder erst einüben und dann im Gottesdienst mehrfach hintereinander singen. So komme ich auch mit und kann mich in Text und Melodie versenken.« Es sei wie bei Freunden zu Hause, fügt sie noch hinzu. Schon weil alle selbstverständlich die Schuhe ausziehen.

Eine andere Frau, ehemalige Kirchenvorsteherin, hat die Kirche noch in ihrem alten Zustand gekannt. Sie hat selber die Kirchenbänke mit hinausgetragen und stand von Anfang an hinter dem Projekt *Kirche der Stille*. »Hier finde ich mich selber«, sagt sie entschieden. »Und manchmal gelingt es mir auch, hier Gott zu finden.«

»Echt ist das«, sagt ein Mann, der auf einem Stuhl sitzt. »Die Worte und auch die Atmosphäre sind stimmig. Und die Musik. Je älter ich werde, desto wichtiger wird mir Musik.« »Und Martin Luther«, pflichtet ihm ein anderer Mann bei. »Der mochte die geschäftigen Kirchen nicht so. Dem wär das grad recht hier.«

Eine Frau, die selber Pastorin ist, ist sich nicht sicher, ob es Martin Luther hier gefallen hätte. Ihr jedenfalls tue es gut, hierher zum Gottesdienst zu gehen. Einmal nicht verantwortlich sein. Endlich könne sie den Gottesdienst einfach in sich aufnehmen, nichts tun, sich beschenken lassen.

Eine Frau mit Wollmütze sagt, sie sei seit Jahrzehnten auf der Suche. »Ich wusste nicht, was ich suche, nur, dass ich es noch nicht habe.« Verschiedenes habe sie ausprobiert und zwischendrin gedacht, dass es eben nichts gebe, wo sie sich zugehörig fühle.

Vor einem Jahr stand sie dann plötzlich im Kirchraum und dachte: Das ist es. Hier kann ich Heimat finden.

Im Gottesdienst geht ihr das auch so. Sie mag die sparsame Form, die wenigen Worte, die langen Pausen dazwischen, die Wiederholungen der Psalmkehrverse und der einfachen Lieder. Sie zuckt mit den Achseln: »In anderen Kirchen ist es mir zu oberflächlich. Immer eins nach dem anderen, ruckzuck. So kann ich keine Tiefe erleben. Manchmal reicht bei mir ein Wort und dann Stille. Und dann irgendwann steigt etwas in mir auf. Das Kerzengebet bei der Fürbitte, das ist wie ein Zur-Tat-Schreiten am Schluss. Dann kann ich auch wieder losgehen.«

Eine andere Frau arbeitet mittlerweile hauptamtlich für die *Kirche der Stille*, nachdem sie am Anfang die Pastorin ehrenamtlich unterstützt hatte. Sie liebt es, wenn etwas entsteht. Und der Gottesdienst am Sonntagabend liegt ihr besonders am Herzen. Sie kann darin leer werden, sagt sie, sie findet ihren Rhythmus wieder und kann so gut in die Woche gehen. Der Raum ist ihr Kraftort, ihr Zentrum. Zu ihren Aufgaben gehört auch, ihn für andere offen zu halten, das Hüte-Team zu organisieren, und das liebt sie besonders.

Die Musikerin ist auch noch dabeigeblieben, um die Frage zu beantworten. Sie kennt viele »normale« Kirchen, war lange Kantorin für den Gemeindegottesdienst einer Stadtgemeinde. Sie wirkt an vielen Gottesdienstformen in der Stadt mit. »Aber hier ist es besonders«, sagt sie. »Diese Einfachheit. Körper, Geist und Seele schalten den Verstand nicht aus. Ich bin wach und aufmerksam dabei, nichts rauscht an mir vorbei. Das Singen entsteht aus der Stille und führt wieder in sie hinein.« Sie mag, dass es immer nur ein Thema gibt, das sich wie ein roter Faden durch Lieder, Texte und Gebete zieht. Nicht so ein Sammelsurium von Ideen, sondern klare Gedanken und dann Ruhe.

Ob sie etwas vermissen, wollen wir wissen. Ob es in dem, was nicht ist und anders ist als in anderen Kirchen, auch etwas gibt, was ihnen tatsächlich fehlt. Zögern, länger keine Antwort. Eine Frau vermisst das Abendmahl, das nur gelegentlich gefeiert wird. Die Akustik sei schwierig, sagen mehrere. Der Hall ist im leeren Raum sehr stark, man muss sehr langsam reden, und das tun nicht alle. – »Dies hier ist irgendwie zusätzlich für mich«, sagt eine Frau. »Ich finde gut, dass es andere Kirchen auch gibt mit Predigt, Kindergottesdienst, Gesangbuchliedern, mehr Abwechslung.« Sie geht durchaus gern in andere Gottesdienste, auch, um den Kontrast zu spüren. »Wie ein alter Schulfreund« seien die anderen Gottesdienste; schön, sie zu erleben, aber immer müsse es nicht sein. Sie denkt noch einmal nach und gibt dann zu: »Auf Dauer vermisse ich hier nichts.« Die anderen nicken.

Porträt – der Pastor

Er habe wenig erlebt von dem, was in der *Kirche der Stille* seit ihrer Eröffnung läuft. Das stellt er an den Anfang und betont es im Verlauf des Gesprächs immer wieder. Viel zu wenig. Es sei immer zu viel Eigenes zu tun – aber das sei keine Entschuldigung, fügt er sofort selber hinzu.

Er ist Kollege und Pastor, vor allem an der Friedenskirche auf dem Kiez Altona – St. Pauli. Er ist lange im Geschäft, war Pastor in Landgemeinden und in der Stadt, kennt die Kirche im Norden und ihre Kirchen gut.

Dass Kirche »aus dem Häuschen gehen muss«, wenn sie überleben will, ist ihm schon lange klar. Die Seelsorge an Schaustellern auf dem Hamburger Dom gehört seit ein paar Jahren zu seinen aufregendsten Aufgaben. Konfirmandenunterricht mit Kindern von Mandelbäckerinnen und Karussellbetreibern. Andachten auf dem Jahrmarkt, abends um elf. Berührungsscheu vor außerkirchlichen Milieus ist ihm fremd. Zugleich liebt er Musik und Literatur; wer Mails von ihm bekommt, erfährt gleich mit, welche Philosophen ihn zurzeit faszinieren.

Er hat die Fusion der drei Gemeinden zu einer Profilgemeinde mit drei Kirchen von Anfang an begleitet und steht überzeugt zu dem Gesamtkonzept. Den interreligiösen Ansatz der *Kirche der Stille* schätzt er, er findet, das passe gut in den Stadtteil.

Gefragt nach Konkurrenz zwischen den Kirchen, speziell nach Konkurrenz mit der Kollegin und dem Profil der *Kirche der Stille*, verneint er glaubhaft. Er empfindet die Besucherinnen und Besucher und das geistliche Angebot in der *Kirche der Stille* als etwas genuin Eigenes und anderes. Eine spirituelle Form, die ganz offenkundig auf Bedürfnisse der Menschen antworte. Und er ist froh, dass es das in seiner Gemeinde gibt.

Gefragt, ob er die *Kirche der Stille* und ihren Erfolg als eine Art »Fehdehandschuh« empfinde, verneint er ebenfalls. Er habe nicht das Gefühl, dass die *Kirche der Stille* eine Anfrage sei an normale Gemeinden oder klassischere evangelische Predigtgottesdienste.

Er schätzt das Innovative, die Suche nach spirituellen Formen jenseits der Konfession. Wenn Menschen sich eingeladen fühlen, in die Kirche zu kommen, ob zum Beten, Singen und Hören oder zum Diskutieren, Tanzen oder Meditieren – das sei ihm nur recht.

Trotzdem hat er das Gefühl, dass die *Kirche der Stille* im Verbund der Gemeinde Altona-Ost etwas Besonderes und Eigenes ist und bleibt. Eine Nische. Weniger Gemeinde im klassischen volkskirchlichen Sinne, sondern eine Art Parallelwelt, von der Menschen angesprochen werden, die in den anderen Kirchen der Gemeinde so gut wie nie erscheinen. Eigentlich wünscht er sich, dass die Gemeindeteile sich mehr mischen und die Pastorinnen und Pastoren ab und an die Plätze tauschen. Zugleich weiß er, dass er eigentlich selber dazu kaum Luft hat, dass jeder eben seinen Bereich pflegt und damit völlig ausgelastet ist.

Vielleicht wäre es schön, in ein paar Jahren noch einmal innezuhalten, zu überlegen und zu prüfen, was sie als Gemeinde gemeinsam wollen. Und auch, ob dieses Profil neue Impulse für einen theologischen Diskurs bereithält. Denn, so der Kollege, diese Gestalt von Kirche sollte sich bei aller Experimentierfreude, die unserer Kirche nur guttut, als evangelisch-lutherische verstehen. Sonst könnte sich wegen der großen Eigendynamik, die dieses Projekt positiv auszeichnet, diese Kirche zu einer Art Verein entwickeln oder eine Art landeskirchliche Gemeinschaft bilden, die mit der Volkskirche nichts mehr zu tun hat oder haben möchte. Und das wäre wirklich schade, weil die hier entwickelten Impulse dann für die Gesamtkirche verloren gehen könnten.

8. Kapitel
Singen aus der Stille

Lieder des Herzens zum Mitsingen

Viele Schuhe, große und auch kleine, und Kinderwagen empfangen mich beim Betreten der Kirche. Gut 90 Erwachsene sitzen im Kirchraum rund ums Oktogon, Kinder krabbeln und wuseln umher, flüstern – wie die Großen.

Eine Zimbel erklingt, alles wird still. Aus der Stille erklingt ein Ton, dann kommt ein zweiter, dritter hinzu; die ganze Kirche weitet sich aus in einem Klang. Jeder und jede tönt den eigenen Ton. Kinderstimmen höre ich heraus. Der Klang entfaltet sich, steigt hoch, breitet sich bis ins Gewölbe aus. Menschen schließen die Augen, legen die Hand auf ihren Brustraum, fühlen, wie es innen vibriert, lauschen dem Klang, der allmählich sanfter wird, leiser, bis er ganz verebbt und wieder in Stille mündet.

Der Leiter stimmt »Da pacem cordium« aus Taizé an. Die es kennen, fallen mit ein. Es wird wieder und wieder gesungen. »Gib Friede dem Herzen. Lass diese Bitte um Frieden aufsteigen«, sagt Raaja ins Singen hinein. Hörbar verändert sich die Singweise, wird durchlässiger, mehr horchend.

Wir stehen auf, finden uns in drei Kreisen um die Mitte wieder und lernen eine einfache Bewegung zum Lied – ein Körpergebet.

Der äußerste Kreis beginnt mit Kanon und Bewegung, die anderen Kreise fallen nacheinander ein. Die ganze Kirche bewegt sich im »Da pacem cordium«. Die Kinder sind mitten dabei, wer noch nicht laufen kann, wird auf den Arm genommen.

Irgendwann enden alle auf dem einen Ton, im gleichen Rhythmus: Da pacem cordium – getragen vom gemeinsamen Schlagen der Herzen. Und wieder Stille, einige atmen hörbar auf, manche sind sichtlich bewegt.

Später wünschen sich die Teilnehmenden noch mehr Lieder: »Der Himmel geht über allen auf« – wer das nicht kennt, wird einfach mitgezogen. Hier wird gesungen, kräftig, fröhlich. Mühelos im Kanon, ohne Dirigent und Gruppeneinteilung.

Wir gehen im Kirchraum singend herum, begegnen einander, begrüßen uns mit Blicken, die Gemeinschaft wächst. Andere Liedwünsche werden erfüllt. Der Leiter ist im Kontakt mit den Leuten. Er weiß, was er will, aber er spult kein Programm ab.

Wieder gibt es eine Zeit im Schweigen: Raum für eine stille Bitte um Segen für das neue Jahr. Raaja sagt: »Vertrau dich in allem der göttlichen Kraft an.« Dazu ein Lied, wieder aus Taizé: »Confitemini Domino quoniam bonus« – »Vertrau dich Gott an, denn er ist gut«, übersetzt er für alle. Wir sollen wissen, was wir singen.

Die erste Stimme ist schnell gelernt. Frauen, die den Alt singen wollen, stehen zusammen und lernen ihn mit Raaja. Die anderen singen die erste Stimme weiter. Keiner steht da und wartet. Zweistimmig wird weitergesungen, während die Männer den Bass singen. Raaja selbst singt mit ein paar anderen den Tenor, und schon singen wir vierstimmig. Ich staune, wie gut das geht mit einer Gruppe ungeübter Menschen. »Ich dachte, ich kann gar nicht singen«, sagt einer hinterher. Und eine andere: »Das letzte Mal habe ich als Kind gesungen.«

Inzwischen sind die kleinsten Kinder in den Armen ihrer Eltern eingeschlafen.

Eine wirklich friedvolle Atmosphäre am Sonntagnachmittag, ab und zu herzhaftes Lachen – ich verstehe immer mehr, warum so viele den Sonntag in der Kirche verbringen wollen. Müde Augen hellen sich auf. Faltige Gesichter glätten sich. Gedanken kommen zur Ruhe. Es singt – auch in mir.

Im nächsten Lied geht es um die Bitte um Versöhnung. Ein kraftvolles Lied mit englischem Text, das schnell gelernt ist, einstimmig, begleitet von Gitarre. »Mit wem möchtest du dich in diesem Jahr versöhnen? Mit was möchtest du dich mit dir selbst versöhnen?«, fragt Raaja ins Singen hinein. Die Menschen gehen singend einen Weg in ihr Inneres.

Am Ende verbeugen sich alle, danken einander für die Gemeinschaft und wünschen sich »Schalom«, Frieden. Alle räumen mit auf, Matten, Decken und Sitzkissen sind in Minutenschnelle wieder aufgeräumt: Achtsamkeit bis zum Schluss.

Eine neue Praxis des Singens

1995 begann ich meine Arbeit als Pastorin in der St. Johanniskirche in Altona. 1997 stellte sich mir ein junger Musiker vor. Er leite in Hamburg mehrere Gruppen, die mit ihm wöchentlich abends meditative Gesänge einübten. Er wolle diese Gruppen gern einmal zum Singen in unsere Kirche einladen. Die Akustik sei so viel schöner als in seinen Räumen.

Beim ersten Treffen kamen gut 20 Menschen zusammen. Ich gesellte mich dazu und war beeindruckt von der unkomplizierten Art zu singen und den vielen christlichen Gesängen aus Taizé und Iona/Schottland. Daraus entstand innerhalb weniger Monate ein regelmäßiges Offenes Singen mit 150 bis 200 Menschen. Die meisten von ihnen hatten lange keine Kirche mehr besucht. Sie kamen – wie ihr Leiter – aus einer frei-spirituellen Szene, Menschen mit religiöser Sehnsucht und auf der Suche.

Inzwischen gibt es Meditatives Singen an vielen Orten in Hamburg und in anderen Städten. Es gibt die langen Nächte der spirituellen Lieder – auch in der *Kirche der Stille*, mit mehreren Hundert Menschen. Freischaffende Musiker und Musikerinnen singen mit den Menschen Mantren und einfache Gesänge in verschiedenen Sprachen und aus unterschiedlichen Traditionen der Welt.

Gerade Menschen, die sich in traditioneller Kirchenmusik und Chorarbeit nicht beheimatet fühlen, mögen die Mischung aus Stille und Gesang.

Diese Beobachtung hat uns in einem kleinen Kreis von Pastorinnen und Pastoren, Kirchenmusikerinnen und Kirchenmusikern gelockt, regelmäßig Seminare zum »Intensiven Singen« in der *Kirche der Stille* anzubieten. Angesprochen sind Hauptamtliche in der Kirche. Dazu gehören die beiden Musiker Yotin Tiewtrakul und Anna-Elisabeth Ubbelohde vom Ansverus-Haus in Aumühle, Thomas Hirsch-Hüffell vom gottesdienstinstitut nordkirche und die Autorinnen.

In diesen Seminaren geht es zunächst darum, diese Art des Singens selbst zu erfahren. Die Teilnehmenden erleben wohltuend, sich in Gesang fallen zu lassen, anstatt ein Leittier zu sein, das mit lauter Stimme vorweg geht. Außerdem gibt es neue Impulse zum Singen in Gottesdienst und Andacht: Schätze des Gesangbuchs werden gehoben. In einem dritten Schritt können alle ausprobieren, wie es geht, wenn man selbst anleitet. Wie finde ich den ersten Ton? Es ist nicht schlimm, wenn er zu hoch oder zu tief war und man noch einmal neu anstimmen muss. Singen geht mit Leib und Seele. Körperarbeit und Bewegung wechseln sich ab mit Sitzen und ruhigem Hören. Das tun wir sonst selten in der Kirche.

Was ist Intensives Singen?

Die nun folgenden Überlegungen entstanden in Zusammenarbeit mit Yotin Tiewtrakul.

Intensives Singen ist voraussetzungsloses Singen. Man braucht keine musikalische Vorbildung dafür. Es wird allen, die dabei sind, unterstellt, dass sie ihren Körper und ihre Stimmen einsetzen können, um etwas Klanghaftes entstehen zu lassen. Menschen werden ermutigt, es wieder mit dem Singen zu versuchen, die von sich meinen, nicht singen zu können. »Schöpfe, Atem, schwinge. Lobe Gott und singe« – ein kurzer Text und dazu eine gute, einfache Melodie – und alle singen mit, bald auch im Kanon.

Intensives Singen ist direktes Singen. Die Lieder werden durch Imitation vermittelt, möglichst ohne Notenblätter. Es gibt einen Vorsänger oder eine Vorsängerin und die Gruppe, die nachsingt. Die Gruppe horcht hin auf Text und Melodie, aufmerksames Hören ist also notwendig. Auch ohne Gesangbuch kann mit der Gemeinde gesungen werden, die einen Choral so in ganz neuer Weise erfährt. Zum Beispiel kann sie vorm Gottesdienst im Eingang gesammelt werden und in dieser Weise des Vor- und Nachsingens mit dem Choral »Tut mir auf die schöne Pforte« durch den Mittelgang in die Kirche einziehen.

Intensives Singen ist Singen ohne »Performancedruck«. Das Singen wird nicht einstudiert, um es später zur Aufführung zu bringen. Das Beibringen eines Liedes gehört schon zum Singen. Es gibt keinen Punkt, an dem man sagen kann: »Und jetzt singen wir das mal richtig und schön.« Es ist bereits alles da – so wie es ist. Der erste Ton bringt alles in Gang, dann läuft der Gesang irgendwann von alleine. Die Achtsamkeit ist auf die ganze Gruppe gerichtet, nicht auf einen Leiter oder eine Leiterin. Manche Gruppen hören singend so aufeinander, dass sie miteinander die Lautstärke variieren und schließlich gemeinsam im Summen enden, ohne dass einer den Schluss bestimmt. Der Kanon »Schweige und höre, neige deines Herzens Ohr, suche den Frieden« ist dafür besonders stimmig. Er trägt dieses Hinhorchen bereits in sich.

Intensives Singen ist singendes Gebet. Singen ist die natürlichste Weise, gesammelt und mit all unseren Empfindungen ganz da zu sein. Ganz bei mir und ganz bei Gott. Im Singen entfaltet sich der Fluss des Atems wie von selbst.

Indem ein Lied immer wieder gesungen wird, singt es irgendwann in den Menschen von alleine. Es wird zu einem Mantra, das den Geist befreit. Kein Ablesen, intellektuelles Begreifen und Nachdenken mehr über Text und Melodie, sondern es intuitiv singen lassen. Der Gesang erreicht eine tiefere Ebene, berührt die Seele und wird wahr, tut, was er verspricht.

Intensives Singen dehnt die Zeit aus. Zielgerichtete Zeit wird verlassen und die kreisende Zeit betreten, die anfangslos und ohne Ende ist. Indem ein Lied immer wieder gesungen wird, dehnt sich die Zeit. Gleichzeitig dehnt sich das Singen im ganzen Körper aus. Das Singen um eine Mitte als zentrierendem Punkt unterstützt die Idee der kreisenden Wiederholung.

Intensives Singen bildet Gemeinschaft der Gläubigen. Es schenkt ein Gefühl der Verbundenheit, stiftet Begegnung: wenn man auf andere hört, wenn man zuhört und in den gesamten Klang hineinlauscht.

Erfahrungen mit dem Intensiven Singen

Am Ende eines Offenen Singens vertrauen mir einige Menschen an, warum sie hierher kommen und was sie bewegt.

»Wenn ich hier singe, ist das mein Gottesdienst. Ich trete in Resonanz mit etwas, was größer ist als ich und in das ich mich einschwinge – weil ich Teil dieses Größeren bin.«

»Die Lieder bringen Themen zum Klingen, die sonst kaum Raum haben: Dankbarkeit, Versöhnung, Frieden. Selbst wenn ich schwer und traurig herkomme, gehe ich gelöster wieder weg.«

»Das Singen bringt etwas zum Klingen in mir, was lange verschüttet war; ich komme mit einer religiösen Dimension in Berührung, die mir das Herz weitet, mich weich und durchlässig macht. Die Lieder klingen in den nächsten Tagen weiter in mir und machen mich heiter und hell. Darum komme ich immer wieder.«

»Ich schätze die interreligiöse Offenheit, wenn wir Gesänge aus den unterschiedlichen Traditionen singen. Immer wieder singen wir für den Frieden in Israel und Palästina. Ich vertraue darauf, dass das etwas bewirkt.«

»Mir öffnet es das Herz. Ich hab ein ganz schweres Jahr hinter mir. Im Singen und manchmal auch nur Hören bekomme ich wieder Vertrauen und Religion, also Rück-Bindung. Das stärkt mich für meinen Alltag.«

»Das Einzige, was mich in der Kirche hält, ist das Singen. Unserer Gesellschaft ist das Singen verloren gegangen. Diese Art von Singen – ohne Noten, ohne Voraussetzung – lässt mich zur Ruhe kommen. Es öffnet in mir Raum jenseits von Leistung, Anspannung und Schwere.«

Porträt – der Singende

Er ist Mitte 40. Seine Augen sind wach und lebendig. Wenn er redet, spricht er mit dem ganzen Körper. Er nimmt sich Zeit mit seinen Antworten. Überlegt genau, was er sagt und wie er es sagt. Wenn er seine Formulierung gefunden hat, dann bleibt sie auch so.

Das Gespräch kommt auf das Singen in der Kirche. Als Vorschulkind hat er noch gerne gesungen, dann war Singen auf einmal fort aus seinem Leben, einfach verschwunden. Weder in der Schule noch in seinem Elternhaus gab es das, Singen. Später hat er das bedauert.

Wenn er verstanden hat, dass etwas dran ist, dann zögert er nicht lange und packt es an: Er suchte sich eine Stimmpädagogin, zu der geht er seitdem regelmäßig und ist begeistert, was er alles mit ihr zusammen entdeckt.

Im Brotberuf ist er Lehrer. Hin und wieder geht er zum Singen in die *Kirche der Stille*. Das Singen dort hat ihn »auf den Geschmack gebracht«, wie er es nennt. Vorher hatte er diesen besonderen Geschmackssinn nicht. Singen war für ihn geschmacklos, er hat nichts empfunden und keinen Nachgeschmack gehabt.

In der *Kirche der Stille* schätzt er das einfache mantrische Singen. Er mag, dass man sich in den Klang fallen lassen kann. »Es geht nicht darum, dass ich besonders gut oder schön singe, sondern dass ich eine innere Erfahrung mache, und die kennt keine falschen Töne.«

Für ihn ist diese Form des Singens eine Gegenkultur zur Leistungsgesellschaft. Hier geht es um den gemeinsamen inneren Prozess und nicht um ein perfektes Produkt. Die innere Klangerfahrung zählt, die teilt er mit anderen, und dann »stimmt« auch das Ergebnis, selbst wenn ein Ton einmal danebengeht.

Die Gruppe der Mitsingenden gibt dabei Orientierung und ein Gefühl von Getragensein. Der Raum aus Klang ist geschützt, keine Bühne, sondern gemeinsames Singen im Kreis.

Singen ist dort, sagt er, nichts zum »nach außen darstellen«. Singen und Klangerzeugen werden zu einem Medium für die innere Erfahrung, in der er zu sich selbst komme. »Ich bekomme Verbindung zu meinem Körper, die inneren Schwingungen dehnen sich ganz in mir aus. Und auf dem Weg komme ich auch zu Gott.«

Er ist seit seiner Kindheit Kirchenmitglied, in seiner Familie besuchte man den Gottesdienst zu Festtagen und besonderen Anlässen. Weihnachten natürlich, Taufen, Konfirmation, Hochzeit, Trauerfeiern. Über die Bibel und theologische Inhalte weiß er wenig. Trotzdem ist er immer Kirchenmitglied geblieben. Er hatte irgendwie eine Ahnung, es müsse in der Kirche um mehr gehen, als er tatsächlich dort erlebte. Kirche war für ihn wie eine Chiffre für etwas Wichtiges, ein Symbol für eine Dimension, zu der er aber selber noch keinen Zugang hatte.

Die *Kirche der Stille* öffnet ihm einen Zugang. Er hat sich ins Herzensgebet einführen lassen und nimmt an den Meditationsabenden teil, so oft er kann. Ebenso geht er ab und an zu Vertiefungstagen im Herzensgebet. Die offene Kirche nutzt er regelmäßig für seine eigene Meditation.

Er wollte bewusst einen christlichen Weg gehen, um seiner Ahnung von dem, was hinter dieser Tradition steht, mehr Grund zu geben. »Ich wollte nicht mehr vom Christentum wissen, sondern seine Essenz erfahren«, so drückt er es aus. Allein wäre das für ihn nicht möglich gewesen. Er brauchte die Einführung in die Meditation durch die Pastorin, sonst hätte er den eigenen Weg in die Stille nicht gefunden. Es war ihm wichtig, ins stille Sitzen eingeführt zu werden, in die Achtsamkeit auf den Atem, in die hörende Haltung in der Stille, und sein eigenes Mantra zu finden.

Viele Erfahrungen, die er in der *Kirche der Stille* macht, trägt er in seinen Alltag. Sein ganzes Gesicht strahlt es aus: er habe einen Faden gefunden, eine Verbindung aufgenommen, die für ihn in jedem Moment seines Lebens zugänglich ist – die er aber immer auch wieder verlieren kann. Auch beim Radfahren, beim Kochen oder im Gespräch mit Menschen kann er diese Verbundenheit erleben.

Die Kirche ist für ihn ein Entwicklungsraum auf seinem Weg. Das ist ein langsamer Prozess. Er beschreibt Gott als »eine Seinsqualität, die ich in meinem eigenen Leben erfahre. So wird Gott persönlich – und ist doch zugleich eine Qualität, die das ganze All durchströmt.« Die Verbundenheit geschieht erst einmal auf der Ebene des Verstehens: Er empfindet sich als nicht getrennt von anderen. Langsam sickert es in andere Bewusstseinsebenen ein und durchdringt die anderen Sinne. Er beschreibt das wie eine »Ader«, die mit viel Schlacke verstopft ist und die durch die Meditation immer mehr »durchpustet« und durchlässiger wird.

Wenn es ihm gelingt, auch im Klassenzimmer und auf dem Pausenhof etwas davon mitzunehmen, ist er glücklich. Wenn ein Funke überspringt, dann sind das für ihn kleine Momente voller Lebendigkeit, Offenheit und Herzenswärme.

9. Kapitel
Sprache, die Raum gibt

Erfahrungen mit der »Leichten Sprache«

Ein Adventsgottesdienst in der *Kirche der Stille*, Sonntagabend, 19 Uhr. Im Mittelpunkt steht das Magnifikat. Gesungen als Psalm mit dem Refrain »Meine Seele lobt Gott«. Das Magnifikat ist auch Impulstext für die Stille. Das Kapitel von Maria und Elisabeth noch dazu, diese beiden Cousinen, die – vorsichtig gesagt – ungewöhnliche Söhne gebären werden.

Zu Beginn des Evangeliums sind da einfach zwei Frauen, die sich auf ihre Geburten vorzubereiten versuchen. Sie wissen, dass ihr Leben sich gerade von Grund auf ändert. Sie ahnen auch, dass sie Teil von etwas viel Größerem sind. Wir lesen die Geschichte, wir hören und beten das Magnifikat.

Mit wenigen Worten nur empfinden wir die Geschichte nach. Zentral dabei der Satz, den Maria spricht: »Mir geschehe, wie du es gesagt hast« (Lukas 1,38). Wir laden ein, darin eine Haltung zu sehen. Offen, empfangend, in der Stille. Wir bieten an, auszuprobieren, wie dieser Satz schmeckt: »Mir geschehe, wie du es gesagt hast.« Wie es sich anfühlt, selber mit diesem Satz still zu werden vor Gott. Mit allem, was gerade ist, ruhig zu werden und sich Gott zu zeigen, um zu hören, was dann im Innern geschieht.

Nach der Stille singen wir ein Lied. Wieder spricht eine von uns wenige Worte, die aus dem eigenen Schweigen geboren sind, die unmittelbar jetzt in dem Moment aufsteigen aus dem Lauschen in der Stille.

Uns ist wichtig, dass die Worte hinführen, konzentrieren, öffnen, Raum geben für eigene innere Prozesse mit einem biblischen Wort oder einer Geschichte.

Es braucht das öffnende Wort, damit der Zugang zum Text dann selbstständig gefunden wird. Aber es braucht, so empfinden wir, so haben wir oft erlebt, keine längeren Deutungen und Erklärungen: Das biblische Wort spricht in der Stille weiter. Manchmal erklärt es sich in dieser Weise selber.

Die »Leichte Sprache«, die wir dabei im Gottesdienst gebrauchen, will genau das: Sie hält etwas offen. Sie traut der Gemeinde Unerwartetes zu. Sie sollte vor allem abbilden, dass Liturgin oder Prediger auch ihrerseits Gott noch etwas Unerwartetes zutrauen. Denn: Wer betet, dem muss man abspüren können, dass er betet. Dazu muss er es auch wirklich tun. Und wer deutet oder bittet oder informiert, muss auch genau dies möglichst von innen heraus tun und damit die Gegenüber wirklich anreden bzw. die Fragen wirklich stellen, die er oder sie zu stellen behauptet.

Die Seele versteht kein Nein

Wie kann die sogenannte »Leichte Sprache« dabei helfen? Sie kommt aus der Selbsthilfebewegung von Menschen mit geistigen Behinderungen. Diese Menschen machen ihr Recht auf Barrierefreiheit geltend, d.h., sie fordern einen sprachlichen Zugang zu Informationen, sodass sie nicht ausgeschlossen sind.

Die Regeln für »Leichte Sprache« sind nicht extra für Liturgie und Gottesdienst gemacht. Trotzdem sind sie genau dafür auch anwendbar. Einfache Grundregeln helfen, in Leichter Sprache zu formulieren. Zunächst einmal: Kurze Sätze, also kürzer als 15 Worte. Und nur eine Aussage pro

Satz. Die Sprache soll vor allem verbal sein, nicht nominal. Konjunktive sollten nicht verwendet werden, ebenso wenig abstrakte Begriffe. Fremdwörter, Fachwörter oder lange Zusammensetzungen rauschen beim Hören oft vorbei, sie werden erklärt oder schlicht vermieden. Negationen sollen möglichst gar nicht vorkommen. Im autogenen Training kann man das auch lernen: Die Seele versteht kein Nein. Wenn ich sage, etwas sei »nicht rot«, ist in der Regel Rot die Farbe, die vor dem inneren Auge erscheint. Positive Formulierungen sind auch beim einmaligen Hören zugänglich.

So manche theologische Sprachhülse wird in »Leichter Sprache« auf ihren verstehbaren Kern reduziert, kirchliche Binnensprache öffnet sich. Indem ich als Liturgin und Predigerin die Menschen, die mir zuhören und mich verstehen sollen, im Blick behalte, verliere ich mich nicht so leicht in theologischen Spitzfindigkeiten, die beim einmaligen Hören ohnehin schwer zu begreifen sind.

»Leichte Sprache« verzichtet auch auf uneingeführte Sprachbilder. Genannt wird gern das Beispiel »Rabeneltern«. In »Leichter Sprache« sind Rabeneltern die Eltern von Rabenküken. Nichts mehr. Und wenn man von schlechten Menschen-Eltern erzählen möchte, dann muss man das schon sagen. Bilder sind durchaus möglich. Sie brauchen aber Raum.

Wenn ich einen theologischen Text in »Leichte Sprache« »übersetzen« möchte, ist das etwas anderes als das Übersetzen von einer Sprache in die andere, wie es vom Fremdsprachen-Übersetzen bekannt ist. Es ist vielmehr ein Übertragen, ein Eindampfen, Kondensieren, Auf-das-Wesentliche-Bringen. Wie eine Soße, in der Zutaten länger kochen, bis die stärkeren Geschmäcker hervortreten. Die Worte werden auf ihren Kern reduziert, der Sinn des Gemeinten tritt dadurch klarer zutage.

Beispielhaft sei eine solche Übertragung an einer Fürbitte durchgespielt. Zunächst in durchaus üblicher Sprache:

»Für die Kirche in aller Welt,
dass sie frei wird von Menschenfurcht,
dass sie die Mächtigen mahnt und den Schwachen hilft,
dass sie festhält am Bekenntnis des Glaubens,
dass sie bereit wird zum Kämpfen,
getrost bleibt im Leiden
und allezeit Gott dient zum Wohle der Menschen.«

Übertragen mit Hilfe von »Leichter Sprache«, könnte das Gebet so lauten:

»Ich bitte für die Kirche überall auf der Welt.
Gib ihr Mut.
Ich bitte für die Verantwortlichen.
Für unsere Kirche hier am Ort bitte ich auch.
Schenk uns selber Trost, Gott,
und einen klaren Blick, wo wir helfen können.«

Was ändert sich? Die Betende wird erkennbar, sie spricht in Ich-Form. Das gibt den Hörenden die Möglichkeit, zuzustimmen oder sich zu distanzieren, ganz, wie es gerade passt. Das eigene Ich der Betenden in der Stille hat dann die Chance, zu sagen, was es Gott sagen möchte. Die Fürbitte verliert ihren Appellcharakter, sie ist nicht mehr ein Ermahnungskatalog an Gott und die Mitmenschen. Vielmehr bringt sie nun etwas vor Gott und bittet ihn um seine Kraft. Sie schiebt Gott nicht die eigenen Weltanschauungen unter, sondern legt Ratlosigkeit offen. Oder, wie eine Gottesdienstbesucherin sagte: »Mit ›Leichter Sprache‹ kann man sich nicht verstecken.« Positiv ausgedrückt: Mit »Leichter Sprache« spricht man stimmig und aus dem Herzen. Und wo, wenn nicht im Gottesdienst, sollte das möglich sein …

10. Kapitel
Stille in der Kirche des Wortes
Ein E-Mail-Austausch zwischen Anne Gidion und Irmgard Nauck

15. März
Liebe Irmgard,
sehr genüsslich ist das, mit Dir an dem Buch zu arbeiten. Und doch geht es ja um mehr als »nur« ein Buch. Es geht um theologische Lebensthemen, oder überhaupt um Lebensthemen – das »theologisch« kommt mir gerade künstlich vor.
Mich beschäftigt eine Frage: Wir haben doch beide in Wuppertal gelebt und an der Kirchlichen Hochschule dort studiert, zu sehr verschiedenen Zeiten unserer Leben. Für mich waren diese späten 1990er Jahre eine Zeit von Karl-Barth-Lesen, Engagements beim Kirchentag, Diskussion über jüdisch-christliche Fragen, Oberseminar zu Gustav Heinemann und der Barmer Theologischen Erklärung und solche Dinge. Du wirst das alles auch gelesen haben. Von Stille ist da nicht die Rede. Auch nicht von Gott in mir und Herzensgebet. Das spielte in meinem Studium, in meinem Leben gar keine Rolle. Und in Deinem? Wie bist Du eigentlich vom »Heiligen Berg« in Wuppertal zur »*Kirche der Stille*« in die Helenenstraße gekommen – gedanklich, meine ich?
Ich grüße Dich in den nassen Tag,
Deine Anne

18. März
Liebe Anne,
ja, von der Wort-Gottes-Theologie zur *Kirche der Stille* war ein langer Weg – es ist mein Lebensweg. Und mein Gefühl ist, wenn ich jetzt zurückblicke, dass Gott immer mitgewandert ist, so verschieden er mit mir und so verschieden ich mit Gott war.

Ich habe nicht nur auf dem »Heiligen Berg« Theologie studiert. Ich bin dort 1957 geboren worden, weil mein Vater als Professor für Neues Testament an der Kirchlichen Hochschule in Wuppertal gelehrt hat. Ich bin also von klein auf von Wort-Gottes-Theologen (auch meine Mutter hat Theologie studiert) umgeben gewesen. Man sprach über Gott als dem »Ganz Anderen«. Um sich ihm zu nähern, brauchte man scheinbar Regalmeter Bücher. Gott war fern, »der unbegreifliche Gott«, und doch habe ich mich immer danach gesehnt, ihm nah zu sein.
Ich studierte Theologie, um meiner Sehnsucht nach Nähe zu folgen; bestimmt auch, um meinem 1973 verstorbenen Vater nahe zu sein. Doch Gott wurde immer komplizierter. Er war verhüllt von vielen dogmatischen Theorien – unberührbar.
So verlegte ich mich aufs Praktische: Ich verbrachte ein Semester im Hüttendorf in Gorleben im Widerstand gegen Atomkraft. Ich engagierte mich für die von Apartheid unterdrückten Schwarzen in Südafrika in der Aktion »Kauft keine Früchte der Apartheid«, und ich kämpfte als Vikarin in der »Solidarischen Kirche im Rheinland« gegen die Stationierung von Mittelstreckenraketen im Hunsrück …
Gott blieb mir fern, aber ich tat aus meiner Sicht etwas Sinnvolles. Jesus war mein Vorbild im »Kampf« gegen Armut und Ungerechtigkeit. Glaube war Weltverbesserung, und ich lebte den Satz: »Christus hat keine anderen Hände, nur unsere Hände, um heute seine Arbeit zu tun.«

Diese Phase meines Glaubens führte dazu, dass ich mich permanent überforderte und Es oder ich nie genug war. Die Sache mit Gott wurde sehr anstrengend. Weder vom gnädigen Gott spürte ich etwas noch von dem, der mich bedingungslos liebt – vor allem Tun, noch von dem, der mich unmittelbar angeht.

Mit dem Eintritt ins rheinische Pfarramt (ich war erst 28 Jahre alt) begann für mich eine Zeit, die ich im Rückblick »spirituelle Wüstenzeit« nennen würde. Fast jede Predigt führte mich in tiefe, verzweifelte Sprachlosigkeit: Wie nur sollte ich von Gott reden, wenn ich doch selbst so wenig mit ihm erfahren hatte?
Mit der Geburt meiner drei Kinder entdeckte ich mein Frausein und hoffte, die Feministische Theologie und die Befreiungstheologie würden mir auf meiner Suche helfen. Das war auch der Fall, zum Beispiel, wenn wir Gottesdienste mit Leib und Seele gefeiert haben, nicht nur mit dem Kopf. Wenn Tanzen und Körpergebet mich dem näherbringen konnten, wonach ich mich sehnte.

Schließlich kam ich »runter aufs Bänkchen«: Ein Pastor in Nordelbien führte mich in die Meditation ein: »Setz dich hin, sei einfach da – Gott ist immer schon vor dir da.« Dieser Satz war wie ein Segen auf meiner Gottsuche. Ich hörte ihn wohl auch zum genau richtigen Zeitpunkt in meinem Leben bzw. erst da war ich in der Lage, ihn zu hören.
Ich sehnte mich nach Entlastung, danach mit dem ewigen Kämpfen aufhören zu können, mich einfach an Gott anzulehnen. »Sag gar nichts in der Stille, lausche in die Stille. Tue gar nichts, öffne dich für Gottes Gegenwart.« Für mich war das gelebte Rechtfertigung.

In der Stille erfuhr ich Kraft, ich nenne sie heute die Christuskraft. Heute erst verstehe ich das Pauluswort: »Ich lebe,

aber nicht mehr ich, sondern Christus lebt in mir.« (Galater 2,20)
Aus dieser Erfahrung heraus konnte ich dann auch wieder zu sprechen beginnen, wenig zwar, aber doch stimmig, wie ich hoffe. Und gerade in der Stille des Sitzens erfahre ich Gott wieder als den »Ganz Anderen«, der ein Geheimnis bleibt, den ich letztlich nicht begreife. Darin kehre ich zurück zu meinen Wurzeln auf den »Heiligen Berg«.

Dass das nicht das Ende meiner Suche nach Gott ist, vermute ich …
Es grüßt herzlich
Irmgard

22. März
Liebe Irmgard,
danke Dir sehr für Deine Lebensüberschriften – dahinter stecken wohl 1000 Geschichten, auf die ich im Detail neugierig wäre. Aber die meisten gehören vermutlich nicht hierher.

Was mich gerade besonders beschäftigt, ist die Frage nach der Predigt im Gottesdienst. Ich arbeite ja an diesem Thema viel mit Kollegen, erlebe immer wieder, wie sehr die Gattung »Predigt« die Leute merkwürdig stumm macht. Oder unter Druck setzt, jetzt schlagartig »theologisch« zu werden. Und theologisch heißt: wie die Väter (selten die Mütter), die Vorbilder waren und sind. Das können auch Vorbilder aus Papier sein, also Bücher oder Vorträge – Wissenschaft jedenfalls, Schreibtischgedanken, die erst von der Kanzel selbst in eine Mündlichkeit geraten, der man die Schriftlichkeit noch arg abspürt.
Ganz freie Predigt, also eine Predigt, die einfach nur ein freies Assoziieren ist, muss man, glaube ich, gut üben. Wie

Rhythmus und Spiritualität. Selten ist einfaches Losreden schon geisterfüllt … Aber wenn ich übe, auch mit meinen Wörtern so eine Durchlässigkeit zu erreichen wie vielleicht mit Tönen und Klang, dann könnte es etwas werden.

3. April
Liebe Irmgard,
neulich konnte ich nicht weitermachen, hier noch ein Nachtrag. Mich berührt Dein Lebensweg, vor allem das, was Du über den fremden Gott schreibst, den Du erst beim Meditieren gefunden hast. – Hast Du da nicht im Kern die Kraft gefunden, mit Dir selber zufrieden zu sein? Und, das meine ich nicht kritisch, ist dies Gefühl schon Gott? Manchmal weiß ich das nicht.

Ich schick' das jetzt mal los.
Liebe Grüße,
Deine Anne

4. April
Genau, liebe Anne, so ist es.
Ich komme immer mehr bei mir selber an und darin in Gott. Und das ist wunderschön. Lange habe ich nach mir gesucht, nach der, die ich eigentlich bin, jenseits von dem, was ich meinte, sein zu wollen, was andere wollten und brauchten. Und ich suche auch heute immer weiter. Aber anders.
Das Sitzen in der Stille führt mich zu mir selbst, ich spüre mich – ganz körperlich. Manchmal wirft es mich auch hart auf mich selbst zurück. Und dann erfahre ich, wie solche Momente, in denen ich im Sitzen mit mir und meinen ewigen Themen hadere, mich wandeln. Das sind österliche Erfahrungen: Ich horche ins Leere, schaue in die leere Gruft,

und dann strahlt in mir etwas auf, was mich birgt und aufrichtet. Das ist mehr, als ich selbst bin, das ist größer, als ich verstehe. Und du kannst das Gott nennen oder Liebe oder Verbundensein mit allem. Für mich ist das mehr als ein Gefühl, es ist wahrhaftig und präsent.

Mit vorösterlichen Grüßen
Deine Irmgard

5. April
Liebe Irmgard,
vielleicht ist die Karwoche genau die richtige Zeit, über solche Fragen nachzudenken – danke für Deine Antwort. Ich glaube, ich kann etwas von dem nachvollziehen, was Du meinst. Ich habe solche Erfahrungen im Ansverus-Haus auch gemacht oder im Kloster Wülfinghausen, ein Sitzen in der Stille, das mich konfrontiert und tröstet, alles beides.

Aber ich komme noch mal auf die Worte zurück, die Sprache. Und zwar in zweierlei Weise: Wenn ich einem Gegenüber etwas erzählen kann, also Worte finde, die immer auch Verengung sind, denn das Gefühl ist weiter als das Wort, aber das Wort spitzt zu und kann klären – wenn ich also Worte finde und jemand sie tatsächlich hört, mit den Augen, mit dem Körper, und da ist – das ist für mich doch noch mehr als Stille in mir. Letztlich brauche ich ein Gegenüber, um wirklich bei mir anzukommen.

Und das Zweite ist die Predigt, darauf möchte ich auch noch mal zurückkommen. Ist es nicht unverzichtbar, Interpretationen anzubieten? Also nicht als Spitzenautorität der Heiligen Schrift, so meine ich es nicht, sondern als eine Art Wort-Öffnerin? Die biblischen Texte sind nur in ganz wenigen Fällen so selbst erklärend, dass jede und jeder sie selber öffnen kann. Sind wir Theologinnen nicht auch dazu da, um solche öffnenden Interpretationen zu geben? Und wie soll das in der Stille gehen – braucht es dafür nicht das Sprechen? Manchmal denke ich, wir brauchen nicht nur die Stille, wir brauchen eine Kultur der suchenden Sprache, eine Form des Stammelns. Damit wir miteinander sprechen können in einer Form, die offen ist für Gott.

Ahnst Du, was ich meine?
Liebe Grüße!
Deine Anne

12. April
Liebe Anne,
ich glaube: Ja. Für eine Predigt brauche ich unbedingt beides: zunächst ein stilles inneres Bewegen des Textes in mir, erst mal ohne zu einem Buch – welcher Art auch immer – zu greifen. Es aushalten, dass ich keinen Zugang zum Text habe, manchmal sogar Widerstand. Mit dem noch fremden Text durch den Alltag gehen und ihn kauen. (Von den Buddhisten habe ich gelernt, dass sie oft jahrelang auf einem vom Meister gegebenen Kōan kauen.) Im zweiten Schritt lese ich immer einen oder mehrere Kommentare, weil ich mehr wissen und begreifen will und weil ich die tiefere Dimension eines Textes oft erst dadurch erfasse. Und: Häufig spreche ich mit jemandem über den Text. Ich brauche unbedingt das Gegenüber, um mir klarer zu werden.

Der stille Weg wirft also nicht alle Theologie über Bord, sondern möchte vom Kopf ins Herz kommen: das Verstandene »beherzen«. Wenn das geschieht, gelingt es manchmal, wirklich aus dem Herzen zu sprechen. Und die Sprache des Herzens ist Leichte Sprache: Sie spricht in kurzen Sätzen, macht klare Aussagen, stellt echte eigene Fragen.

Die Sprache des Herzens ist – wie du sagst – »suchende Sprache, eine Form des Stammelns ... die offen ist für Gott«.

Im Gedankenimpuls vor der Stille lasse ich die Texte auch nicht einfach nur für sich sprechen. Ich lese sie vor und versuche mich ja auch – in deinem Sinn – als Wort-Öffnerin: Das darf mitunter gern fünf Minuten dauern. Ich bleibe doch evangelisch-lutherische Theologin – auch als Pastorin der *Kirche der Stille*. Es geht auch dort zentral um das Wort: Vielleicht weniger um das äußere gesprochene Wort als um das innere hörende Wort.
Der katholische Theologe Karl Rahner hat gesagt: »Der Christ des 21. Jahrhunderts wird Mystiker sein – oder er wird nicht sein.« Würdest du diesem Satz heute zustimmen – oder sagt er das zu radikal?
Liebe Grüße
Irmgard

15. April
Liebe Irmgard,
nun verstehe ich besser, was Du meinst.
Zu Karl Rahner: Mystik, tja. Mystik ist ja ein wirklich weiter Begriff, ich scheue mich immer etwas damit. Ich weiß auch nicht ganz genau, was Rahner meint. In seiner Zeit wird es ein kirchenkritisches Moment gehabt haben. Ich habe bei der Situation der Kirche (beider großen Kirchen, sie kämpfen da letztlich an ähnlichen Fronten) zurzeit eher das Gefühl, sie sind zu schonende und zu schützende Wesen.
Ich erlebe Kirche/Leitung/kirchliche Institutionen nicht mehr als die dicken starken Eichen, an denen man sich ruhig reiben kann, weil sie schon feste stehen. Ich empfinde sie vielmehr als von Grund auf fragil. Es ist so offenkundig

möglich, ohne Kirche zu leben, keiner muss mehr dazugehören. Es ist also auch gar nicht mehr schick und Zeichen von Erwachsenwerden, sich von Kirche abzuwenden oder gegen sie zu rebellieren. Und Mystik hat (das liegt auch an Dorothee Sölles Titel »Mystik und Widerstand«) für mich immer auch ein rebellisches Moment.
Die innerliche und sich versenkende Mystik scheint mir nur die eine Seite der Medaille, die andere liegt aus meiner Sicht in einem heftigen Engagement für gerechte Lebensbedingungen für alle. Wie auch immer jede das für sich beschreiben mag – ein Brennen für Veränderung gehört für mich jedenfalls ebenso dazu wie die Gelassenheit, Gottes Wege auf mich zukommen zu lassen.
Und die Kirchen, wie ich sie erlebe, sind meiner Wahrnehmung nach selber so instabil, bei allem gelegentlich autoritären Gebaren. Die demografischen und sozialen Entwicklungen weisen einen klaren Weg: Es wird die Institutionen so, wie sie jetzt sind, in ein paar Jahrzehnten nicht mehr geben können. Und was dann passiert, ist offen. Gehörige Portionen Gottvertrauen helfen natürlich immer; Kampagnen und Haushaltsplanverbesserungen und rationalere Personalpolitik fügen das Ihre hinzu. Trotzdem bleibt das Faktum einer großen Kränkung: Leben ohne Kirche, ohne Gottesdienst, ist möglich. Über 90 Prozent der Kirchenmitglieder unserer evangelischen Kirche nutzen die Dauerkarten nicht, die sie für Veranstaltungen gelöst haben – um in Fußballvereinsjargon zu sprechen.

Und da greift dann wieder Karl Rahner: Mystik heißt doch auch, sich vorstellen zu können, dass es Gott gibt. Sich vorstellen zu können, dass auch Jesus Christus Gott ist und deshalb in mir ist und in dir und in potenziell jedem Menschen, der mich anguckt – dann, ja dann, geht es irgendwie weiter. Das glaube ich tatsächlich.
Ob Stille oder lautes Lesen, ob intensives mantrisches Sin-

gen oder elaborierter vierstimmiger Choral mit allen 16 Strophen – das ist dann womöglich nicht mehr so wichtig. (Hauptsache nicht beides gleichzeitig …)

Liebe Irmgard, das war jetzt viel auf einmal, und das alles nur wegen Karl Rahner. Den ich wirklich gut finde.
Viele Grüße durch die Luft,
Deine Anne

17. April
Liebe Anne,
so kommen wir vom stillen Kirchlein auf große kirchliche Umwälzungen.
Und dass es diese Kirche gibt, hat genau etwas mit diesen Umwälzungen zu tun. Wir leben in einer Zeit, in der wir suchen, ausprobieren, irren und wieder suchen: Wo geht es mit unserer Kirche hin? Wie bin ich oder werde ich lebendige Christusanhängerin? Glauben wir mit brennendem Herzen – in Widerstand und Ergebung, in Kampf und Kontemplation, in einem Wort zur rechten Zeit und im Schweigen?

Liebe Grüße von Irmgard,
die sich gerade auf den biblischen Impuls zum Herzensgebetsabend vorbereitet. Da geht es um Matthäus 9,17: Keinen neuen Wein in alte Schläuche … – Hat das etwas mit dem zu tun, worüber wir miteinander nachgedacht haben?

Dank

Die *Kirche der Stille* konnte nur entstehen und kann nur lebendig sein, weil viele dazu beigetragen haben und es weiter tun.

Besonderer Dank gilt:

- dem Kirchenvorstand der Gemeinde Altona-Ost für die mutige Entscheidung zur *Kirche der Stille* und konsequente Umgestaltung dieses Kirchraumes und für seine finanzielle Großzügigkeit.
- Propst Dr. Horst Gorski. Von Beginn an hat er die Idee, die Umsetzung und jetzige Gestaltung der *Kirche der Stille* unterstützt.
- dem Kirchenkreis Hamburg-West/Südholstein für die Finanzierung einer halben Pfarrstelle für die Leitung der *Kirche der Stille*.
- Karin Kluck, Champa Lanz, Rita Lassen, Christa Lehrer und Käthe Stäcker. Drei Jahre lang haben sie in unermüdlicher Arbeit und Kreativität die Kirche in ihrem Wachsen und Werden begleitet.
- den Lehrern und Lehrerinnen, die treu und kompetent die regelmäßigen Meditationskurse leiten: Britta Abel, Ulrike Bringer, Raaja Fischer, Gerlinde Frost, Thomas Gottfried, Margarita Himmelstoß, Eva Knoche, Jens Kretschmer, Wolfgang Lenk, Matthias Roth, Helmut Rümke und Edgar Spieker.
- Angelika Hüffell, Carola Klüttermann, Ulrich Panzer und Rainer Zimpel, die mit großer Lust am Ausprobieren, langjähriger Erfahrung und viel Liebe Kinder und Jugendliche »bestillen«, die Weiterbildungen für Erzie-

herinnen und Lehrer begleiten und mit dieser Arbeit in die Kindertagesstätten und Schulen gehen.

- den Kollegen und Kolleginnen, die musikalisch, liturgisch und theologisch die Gottesdienste in der *Kirche der Stille* unterstützen, mitfeiern und mit bedenken: Anna-Elisabeth Ubbelohde, Ute Weitkämper und Yotin Tiewtrakul, Thomas Hirsch-Hüffell, Frank Puckelwald, Andreas Wandtke-Grohmann und andere.
- den vielen Frauen und Männern, die uns sehr persönlich ihre Erfahrungen anvertraut haben, die sie in Veranstaltungen der *Kirche der Stille* gemacht haben.
- Trixi Dora und dem treuen Hüte-Team, das die Offene Kirche als Ort der Ruhe und des stillen Gebets erst möglich macht.
- Großer Dank gilt unserer Lektorin Evamaria Bohle. Ohne sie gäbe es das Buch in seiner vorliegenden Form nicht. Sie hat uns ermutigt, einfühlsam beraten und uns zu mancher Deutlichkeit verholfen.

Anhang

1. Das Profil für die Kirche der Stille

Projektgruppe für die Kirche der Stille: Karin Kluck, Irmgard Nauck, Sulamith Lanz, Rita Lassen, Christa Lehrer, Käthe Stäcker. Beschlossen vom Kirchenvorstand der evangelisch-lutherischen Gemeinde Altona-Ost, 27. März 2008.

Ein Ort für Ruhe und Meditation

Stille, Weite und Rhythmus – diese drei Grundelemente sollen die tragenden Säulen der Christophoruskirche in Hamburg-Altona sein, die von der evangelischen Gemeinde Altona-Ost zur *Kirche der Stille* umgebaut wird.

Hier sollen Menschen zukünftig

- Stille erleben
- meditieren
- beten
- Kraft schöpfen
- sich und Gott begegnen

Seit 2007 gehört die Christophoruskirche in der Helenenstraße in Altona zur fusionierten Gemeinde Altona-Ost, die sich aus drei Kirchen mit einem jeweils eigenen Profil zusammensetzt. Die St. Johanniskirche steht für Kultur und Kirchenmusik, die Friedenskirche für Bildung und Präsenz im Stadtteil, die Christophoruskirche für Meditation und Stille.

Damit antwortet die Kirchengemeinde auf die Sehnsucht

und das Bedürfnis vieler Menschen, in Stille und Unmittelbarkeit die Nähe Gottes zu finden. Viele sind auf der Suche nach einem persönlichen Weg, der Kraft, Orientierung und Halt im alltäglichen Leben bietet.

Gleichzeitig erlebt die evangelische Kirche eine Zeit des Umbruchs. Wir sind überzeugt davon, dass ein lebendiges Christentum zukünftig wieder aus seinen mystischen Quellen schöpfen wird. Vor diesem Hintergrund wollen wir neue Wege eröffnen, damit Menschen sich im christlichen Glauben beheimatet fühlen. Darum erwarten wir voll Freude die *Kirche der Stille*.

»Die Mystik ist … überzeugt, dass in uns ein Raum ist, zu dem die anderen keinen Zutritt haben, zu dem die Überlegungen des eigenen Über-Ichs keinen Zutritt haben. Es ist der Raum der Stille, in dem Gott selbst in uns wohnt … Der Weg zu diesem inneren Ort des Schweigens geht über Gebet und Meditation.« (Anselm Grün: Der innere Raum)

Der Kirchenraum

Meditative Mitte statt Altar

Um die Christophoruskirche für Stille und Meditation zu nutzen, wird sie umgebaut. Altar, Kanzel, Taufbecken und Kirchenbänke weichen, damit ein weiter Raum mit einer neu gestalteten Mitte entstehen kann. Der Energiefluss wird so gelenkt, dass er wohltuende Prozesse fördert, und es werden ausschließlich ökologische Materialien eingesetzt.

Die *Kirche der Stille* ist ein offener Raum – mitten im Lärm und in der Hektik der Großstadt Hamburg. Hier können sich Menschen versammeln, um aus der Zeit und dem Alltag herauszutreten, um Anforderungen ruhen zu lassen und Stille zu finden. Eine Kirche für alle, die einfach da sein wollen: im Schweigen, in Freude und Dankbarkeit, in Angst und Schmerz. Die Kirche wird den ganzen Tag offen stehen und einen zweckfreien Raum bieten, in dem keine Bedingungen gestellt werden. Der äußere Raum als Ort der Stille stärkt den Weg zum inneren Raum.

Stille

Einkehr in sich selbst und in Gott

In der Stille kann die Unmittelbarkeit Gottes und die Kraft der eigenen Mitte erfahren werden. Einkehr ist möglich in sich selbst und in Gott. Dies kann allein ebenso wie in Gemeinschaft erlebt werden – die *Kirche der Stille* bietet beide Möglichkeiten. Gemeinsames Sitzen in der Stille ist vertiefend, erweiternd und stützend.

In der Kirche können Menschen Stille in all ihrer Vielfalt erleben – im Gebet, beim Tanzen und Singen oder in der Meditation. Dabei führen viele verschiedene Wege in die Stille: Diese Wege wollen wir aufzeigen und unterschiedliche Praktiken, Methoden und Übungswege vorstellen. Unser Angebot umfasst auch spirituelle Begleitung und Beratung.

In der Stille wird die Achtsamkeit gegenüber Körper und Seele geübt. Der Körper ist »Tempel des heiligen Geistes« (1. Korinther 3,16) und der Gegenwart Gottes. Deswegen sind Angebote zur Körperwahrnehmung in der *Kirche der Stille* wesentlich.

Christliche Mystik entdecken und neue Wege gehen

Die *Kirche der Stille* ist eine evangelische Kirche und knüpft an die Tradition der christlichen Meditation und Kontemplation an. Wir orientieren uns an den Mystikerinnen und Mystikern wie Meister Eckhart, Teresa von Avila, Edith Stein oder Dag Hammarskjöld.

Deren unterschiedliche Wege wollen wir wiederentdecken und einüben. Ebenso leitet uns die Tradition des Herzensgebetes und der geistlichen Exerzitien.

In den vergangenen Jahrzehnten haben sich Christinnen und Christen auch für Wege in die Stille geöffnet, die anderen Religionen entspringen. Sie haben eine Verbindung zwischen christlichem Glauben und praktischen Schulungswegen gefunden. Ein Beispiel ist das Sitzen in der Stille, wie der Zen-Buddhismus es lehrt. Diesen neuen spirituellen Wegen geben wir in der *Kirche der Stille* ebenfalls Raum.

Gastgeberin für andere Religionen

Ausgehend von unserer christlichen Überzeugung, suchen wir die Begegnung mit anderen Religionen. Wir fördern den interreligiösen Dialog und den offenen Austausch, das Gespräch und die Begegnung – besonders, um andere religiöse Wege in die Stille kennen zu lernen. Dazu wird es gesonderte Veranstaltungsreihen, Foren und Begegnungszeiten geben.

Weite

Verbunden mit der einen Welt

Die *Kirche der Stille* eröffnet einen Raum des Friedens und der Verbundenheit mit der einen Welt. Das Üben der Achtsamkeit geschieht stets in Verbundenheit mit anderen Menschen und der gesamten Schöpfung. In der Meditation erfahren wir uns als Teil des Ganzen.

»Gott wird nicht gesehen als Schöpfer einer ontologisch anderen Welt, sondern als die Einheit des Seins und Nicht-Seins, bei der es keine Trennung zwischen Gott und Welt, zwischen Geist und Materie, zwischen Sein- und Nicht-Sein gibt. Was wir Abendländer Gott nennen, wird als die Eine Wirklichkeit gesehen, die sich vielgestaltig offenbart, dabei aber immer sie selbst bleibt …« (Willigis Jäger: Die Welle ist das Meer).

Die Hingabe zu Gott und die Offenheit des Herzens führen in die Verantwortung für unsere eine Welt. Regelmäßige Friedensgebete haben in der *Kirche der Stille* Raum.

»Die Erklärung, wie ein Mensch ein Leben aktiven gesellschaftlichen Dienens in vollkommener Übereinstimmung mit sich selbst als Mitglied der Gemeinschaft des Geistes leben soll, habe ich in den Schriften der großen mittelalterlichen Mystiker gefunden ... Sie fanden in der ›Einsamkeit des Geistes‹ und in der Innerlichkeit die Kraft, Ja zu sagen, wo immer sie sich den Forderungen ihrer bedürftigen Mitmenschen gegenübergestellt sahen.« (Dag Hammarskjöld: Zeichen am Weg).

Rhythmus

Rhythmus liegt allem Leben und allem Lebendigen zugrunde. Wir erfahren es im Ein- und Ausatmen, im Schlagen unseres Herzens oder in dem Wechsel von Schlafen und Wachen. So ist alles Leben, jede noch so kleine Zellaktivität über den großen Jahreszyklus in der Natur bis zum Lauf der Sterne und der Erde im Weltall rhythmisch geordnet.

Auch unser Alltag wird tiefer und reicher erlebt, wenn es uns gelingt – gegen alle Hektik, gegen allen Stress und Zeitdruck –, einen Wechsel von Aktivität und schöpferischer Pause zu gestalten.

Die *Kirche der Stille* unterstützt diesen Weg, indem sie zum einen offener Raum ist und zum anderen wiederkehrende Angebote macht. Wer seinen Alltag unterbricht und einen Raum betritt, in dem geschwiegen wird, kann dies als heilsamen Rhythmus erleben.

Dieser Rhythmus findet sich in der *Kirche der Stille* in einer verlässlichen Tagesstruktur wieder:

12.00 – 18.00 Uhr	Offene Kirche
18.00 – 18.30 Uhr	Atempause vor dem Abend
19.30 – 21.00 Uhr	Meditationsangebote mit unterschiedlichen Wegen in die Stille

Die einzelnen Tage der Woche werden jeweils mit festen Themen und Angeboten verbunden und erhalten damit eine leicht erkennbare und sich wiederholende Struktur.

Auch der Lauf des Jahreskreises wird aufgenommen, und die Feste und Anliegen des Kirchenjahres werden in besonderer Weise gefeiert.

»Gleichwie die Sonne in einem stillen Wasser gut zu sehen ist, und es kräftig erwärmt, kann sie in einem bewegten, rauschenden Wasser nicht deutlich gesehen werden, auch erwärmt sie es nicht so sehr. Darum: Willst du auch erleuchtet und warm werden durch das Evangelium, göttliche Gnade und Wunder sehen, dass dein Herz entbrannt, erleuchtet, andächtig und fröhlich werde, so gehe hin, wo du still sein und das Bild dir tief ins Herz fassen kannst, da wirst du finden Wunder über Wunder.« (Martin Luther)

Bildnachweis

Das Copyright für alle Fotografien, falls nicht anders gekennzeichnet, liegt bei Dörthe Hagenguth (www.doerthehagenguth.de).